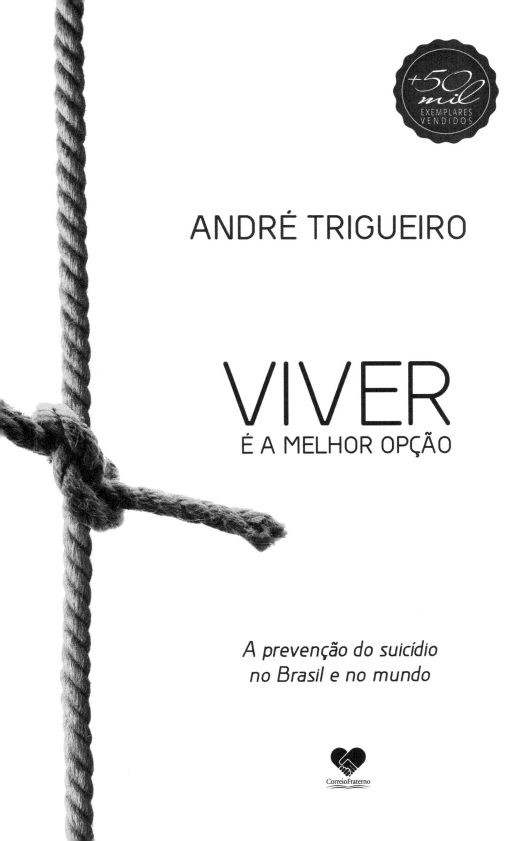

ANDRÉ TRIGUEIRO

VIVER
É A MELHOR OPÇÃO

*A prevenção do suicídio
no Brasil e no mundo*

CorreioFraterno

© 2015 André Trigueiro Mendes

Editora Espírita Correio Fraterno
Av. Humberto de Alencar Castelo Branco, 2955
CEP 09851-000 – São Bernardo do Campo – SP
Telefone: 11 4109-2939
correiofraterno@correiofraterno.com.br
www.correiofraterno.com.br

Vinculada ao  www.laremmanuel.org.br

6ª edição – 4ª reimpressão – Maio de 2024
Do 57.500º ao 59.000º exemplar

A reprodução parcial ou total desta obra, por qualquer meio, somente será permitida com a autorização por escrito da editora. (Lei nº 9.610 de 19.02.1998)

Impresso no Brasil
Presita en Brazilo – Printed in Brazil

EDITOR
Cristian Fernandes

PREPARAÇÃO E REVISÃO DE TEXTO
Eliana Haddad e Izabel Vitusso

CAPA, PROJETO GRÁFICO E EDITORAÇÃO
André Stenico

FOTO DO AUTOR
Daniel Bianchini

CATALOGAÇÃO ELABORADA NA EDITORA

Trigueiro, André, 1966-
    Viver é a melhor opção : a prevenção do suicídio no Brasil e no mundo / André Trigueiro. – 6ª ed., 4ª reimp. – São Bernardo do Campo, SP : Correio Fraterno, 2024.
    200 p. ; 16x23cm

    ISBN 978-85-98563-85-5

1. Suicídio. 2. Saúde pública. 3. Saúde mental. 4. Problemas sociais. 5. Espiritismo. 6. Depressão. 7. Álcool. 8. Drogas. I. Título.

CDD 616.8584 / 133.9

SUMÁRIO

Introdução 9

1 – Os números falam por si 15

2 – Um tabu 39

3 – Por quê? 59

4 – Fatores de risco 71

5 – Prevenção na prática 105

6 – Com a palavra, o especialista 133

7 – A visão espírita 153

INTRODUÇÃO

> *O suicídio é a grande questão filosófica de nosso tempo. Decidir se a vida merece ou não ser vivida é responder a uma pergunta fundamental da filosofia.*
>
> ALBERT CAMUS

HÁ MOMENTOS EM que a vida se torna um fardo e muitos de nós perdemos a coragem de seguir em frente. Essa experiência é mais comum do que se imagina, embora ninguém goste muito de falar a respeito – ou não tenha com quem compartilhar seus momentos difíceis. Quanto maior a tristeza, a melancolia ou a depressão, maior o isolamento ou a culpa por não estar de bem com a vida.

São muitos os caminhos que levam ao suicídio. Tragicamente, a sociedade ignora a gravidade da situação e a urgência de algumas medidas que poderiam atenuar esse problema, considerado de saúde pública no Brasil e no mundo.

Tenho procurado compreender melhor este universo com-

-plexo do comportamento humano, onde o ato suicida ainda causa muita perplexidade e dúvidas. Longe de ser um especialista, tento como jornalista entender o que está sendo feito e de que jeito podemos contribuir para estancar a imensa dor que leva uma pessoa a cometer esse ato extremo.

Reunimos nesta obra preciosos elementos de convicção baseados em estudos recentes da Organização Mundial da Saúde (OMS) e do Ministério da Saúde para afirmar a importância da prevenção do suicídio em todos os setores da sociedade, seja qual for a orientação política, ideológica ou religiosa.

Do ponto de vista científico, mais especificamente da suicidologia, já se sabe que, na maioria absoluta dos casos (aproximadamente 90%), o autoextermínio está associado a patologias de ordem mental diagnosticáveis e tratáveis, razão pela qual não é mais possível dizer que alguém com o ímpeto suicida esteja irremediavelmente condenado a cometê-lo.

Essa importante descoberta instiga uma revisão urgente dos protocolos de atendimento, tratamento e acompanhamento de pessoas em situação de risco, bem como de suas famílias e amigos. Se de cada dez casos de suicídio nove são preveníveis, há muito que fazer para que essas pessoas não desistam da vida e prossigam suas existências com saúde e equilíbrio.

Estamos falando de informação a serviço da vida.

Quanta dor e sofrimento seriam evitados onde a ideia suicida fosse percebida dentro de uma perspectiva mais ampla, como sintoma de uma doença ou transtorno que podem ser controlados ou até curados? Quantos 'acidentes emocionais' deixariam de ser fatais se as pessoas próximas do suicida soubessem o que fazer para lidar com um problema aparentemente insolúvel?

São essas as questões prementes que têm inspirado intensos debates e novas políticas assistenciais no setor público.

Não é mais possível ignorar o preocupante número de casos de autoextermínio no Brasil e no mundo, os impactos dessas estatísticas na área da saúde pública e o abalo profundo que traumatiza familiares e amigos mais próximos do suicida. É preciso igualmente estar atento à maior incidência de jovens que desistem da vida, à falta de visibilidade das redes de proteção que agem sem apoios consistentes dos governos e das empresas, à ausência de qualquer informação sobre esses assuntos nas mídias em geral, entre outros problemas que têm origem na desinformação.

O presente livro vai nesta direção.

Na primeira parte, compartilhamos dados, estatísticas e conhecimentos científicos que emergem da Academia e dos trabalhos de campo na área da suicidologia.

Na segunda parte, selecionamos um precioso estoque de informações que têm origem na doutrina dos espíritos – que eu sigo e venho estudando há quase 30 anos –, ampliando os horizontes de investigação para a melhor compreensão de quem somos, de onde viemos, para onde vamos, as razões da dor e do sofrimento, e por que o suicídio não representa em nenhuma hipótese alívio ou libertação.

Não se trata de obra proselitista, já que não temos aqui a pretensão de convencer ninguém do que está sendo dito pela ótica espírita. Mas é curioso como a maioria absoluta das tradições espiritualistas do Ocidente e do Oriente (todas as grandes religiões inclusive) converge na direção de que o suicídio é, no mínimo, um erro de grandes proporções.

Não importa a corrente filosófica, humanista ou espiritualista à qual estejamos vinculados, ou se buscamos por conta própria os parâmetros éticos que norteiam a nossa existência.

A luta em favor da vida é a causa comum, o que empresta sentido ao conceito de civilização.

Estamos juntos na mesma espaçonave. Se a viagem para alguns parece longa e desagradável, e há como reduzir ou eliminar esse desconforto, por que não fazê-lo? Quem está sentado ao lado não é apenas passageiro. É parte de algo maior que te inclui.

Há quem chame isso de humanidade.

OS NÚMEROS FALAM POR SI

1

Jogue fora todos os números não essenciais para sua sobrevivência.

PABLO PICASSO

Um fenômeno mundial

NÚMEROS SÃO INFORMAÇÕES prontas, autoexplicativas. A importância deles depende da credibilidade das fontes. Quando o assunto é suicídio, as fontes referenciais são a Organização Mundial da Saúde (OMS) e o Ministério da Saúde, no Brasil.

Um dos mais importantes relatórios já produzidos sobre a prevenção do suicídio (*Preventing suicide – a global imperative*,[1] da OMS) resume o panorama desse grave problema.

Os números revelados nesse documento são estarrecedores e explicam por que o suicídio é considerado caso de saúde pública no Brasil e no mundo. Organizamos as principais informações em tópicos de forma direta, com eventuais comentários,

[1] *Preventing suicide – a global imperative* (em tradução livre: *Prevenindo o suicídio – um imperativo global*). OMS, set. 2014.

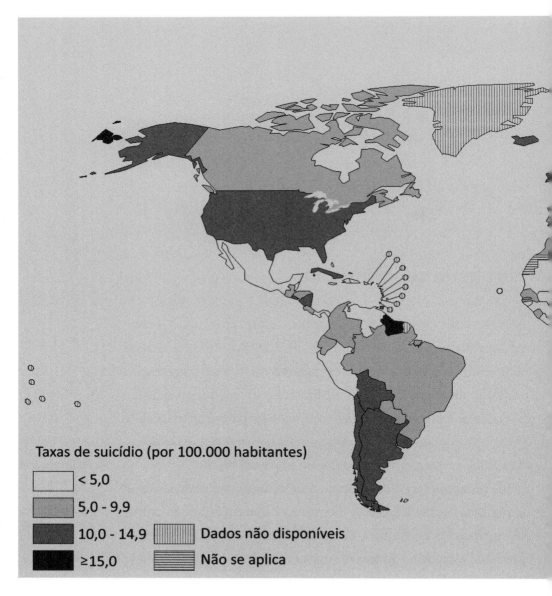

(por 100.000 habitantes), ambos os sexos

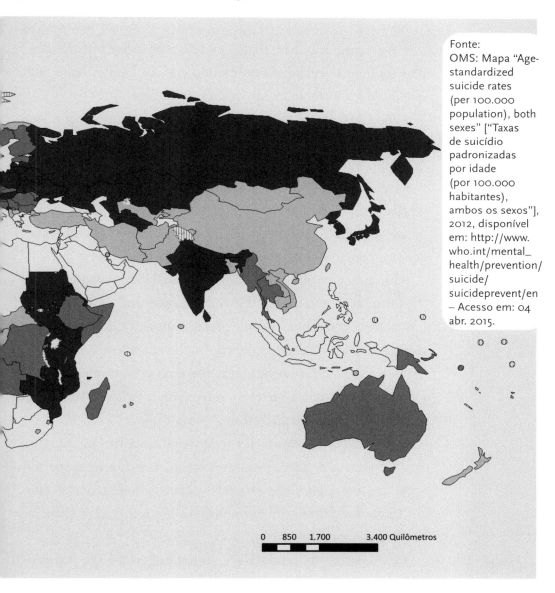

Fonte: OMS: Mapa "Age-standardized suicide rates (per 100.000 population), both sexes" ["Taxas de suicídio padronizadas por idade (por 100.000 habitantes), ambos os sexos"], 2012, disponível em: http://www.who.int/mental_health/prevention/suicide/suicideprevent/en – Acesso em: 04 abr. 2015.

para que o leitor perceba o alcance e a gravidade do problema. Vamos a elas:

• A Organização Mundial de Saúde estima que 804 mil pessoas tenham se suicidado no mundo em 2012 (último ano em que os dados internacionais foram totalizados).
• São 2.200 casos consumados por dia, um a cada 40 segundos.
• Não é fácil explicar por que há tantos suicídios no mundo. "O comportamento suicida é um fenômeno complexo causado por vários fatores inter-relacionados: pessoais, sociais, psicológicos, culturais, biológicos e ambientais", informa o documento. Nesse sentido, é preciso muito cuidado para evitar simplificações ou conclusões precipitadas sobre o assunto.
• Em números absolutos, houve queda de aproximadamente 9% entre 2000 e 2012 (de 883 mil para 804 mil). Ainda assim, o número é considerado alto e preocupante. A OMS considera o suicídio caso de saúde pública. "Cada suicídio é uma tragédia pessoal que leva prematuramente uma vida, tem uma onda expansiva contínua e afeta enormemente a vida de familiares, amigos e da comunidade", afirma o relatório.
• O suicídio representa 1,4% de todas as mortes no mundo. É o 15º gênero de óbito mais importante, mas, entre as mortes violentas, o suicídio lidera o *ranking* com 56% de todos os óbitos (50% das mortes violentas entre os homens e 71% entre as mulheres).
• A ingestão de pesticidas (agrotóxicos) responde por cer-

ca de 30% dos suicídios no mundo (especialmente em países da África, América Central, Sudeste Asiático e Pacífico Ocidental). Armas

> A OMS considera o suicídio caso de saúde pública

de fogo e enforcamentos também aparecem em lugar de destaque nas estatísticas.

• As taxas mais altas de suicídio costumam ocorrer entre pessoas idosas, com 70 anos de idade ou mais. Considerando o envelhecimento progressivo da população mundial e a ausência de políticas públicas voltadas para esse segmento, torna-se urgente compreender o universo em que o idoso está inserido e o que precisa ser feito para que essas taxas sejam reduzidas.

• Embora os idosos liderem as taxas (em números relativos), registra-se com preocupação a maior incidência de suicídios entre jovens em algumas regiões do planeta. Na faixa etária entre 15 e 29 anos de idade, o suicídio responde por 8,5% das mortes em todo o mundo, sendo a segunda causa principal de mortalidade, depois dos acidentes de trânsito.

• A maior parte dos suicídios (75,5%) ocorre em países onde predominam economias de renda baixa ou média. A menor parte dos casos (24,5%), em números absolutos, é registrada em países onde a renda é alta, embora neles o suicídio tenha representado 81% das mortes violentas.

• Há mais suicídios entre os homens (15 para cada 100 mil) do que entre as mulheres (8 para cada 100 mil). Mas, no grupo dos

VIVER é a melhor opção

10 maiores taxas de suicídio no mundo (e Brasil)

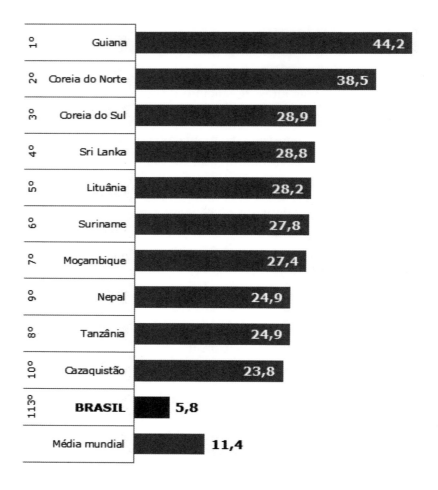

Dados relativos a 2012

10 maiores variações da taxa de suicídio no mundo (e Brasil)

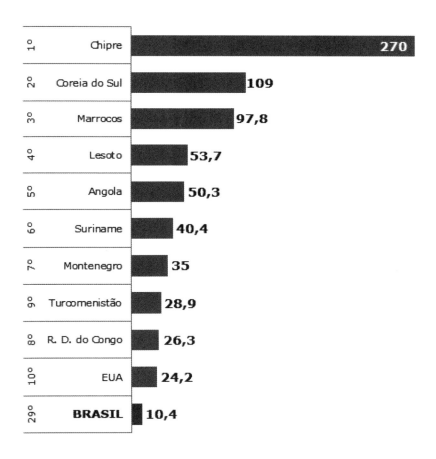

Dados relativos ao período de 2000 a 2012, em porcentagem

VIVER é a melhor opção

chamados "sobreviventes de si mesmos", as mulheres são maioria (80%). Os homens, quando intentam se matar, são mais efetivos.

• Para cada pessoa que consegue se suicidar, mais de 20 tentam se matar sem sucesso uma ou mais vezes. Há uma tentativa a cada 2 segundos.

Em uma conta rasa, seriam pelo menos 16 milhões de tentativas de suicídio por ano. É um número impressionante e que eleva enormemente o senso de urgência para o enfrentamento deste problema.

> Para cada pessoa que consegue se suicidar, mais de 20 tentam se matar sem sucesso uma ou mais vezes

A própria OMS afirma que o principal fator de risco é a primeira tentativa de suicídio, ou seja, quem tentou se matar uma vez precisa de ajuda, porque a probabilidade de tentar novamente é alta.

Além da OMS, outras fontes de pesquisa contribuem para mostrar a gravidade do problema:

• O número de pessoas que se suicidam no mundo hoje já supera aquele registrado oficialmente de óbitos por homicídio (437 mil pessoas em todo o mundo, segundo dados de 2012)[2] ou mortas em conflitos armados. Esse dado é particularmente surpreendente, considerando a ampla repercussão em diferentes mídias dos óbitos por homicídios ou guerras, e a ausência de informações sobre suicídios.

• A tentativa de suicídio é a sexta causa de incapacitação nos

2. United Nations Office on Drugs and Crime. *Global study on homicide* (em tradução livre: *Estudo global sobre homicídio*), 2013. Disponível em: http://www.unodc.org/documents/gsh/pdfs/2014_GLOBAL_HOMICIDE_BOOK_web.pdf – Acesso em: 18 nov. 2014.

indivíduos entre 15 e 44 anos.[3] Para cada caso consumado de suicídio, entre 5 e 6 pessoas próximas ao falecido experimentam consequências emocionais, sociais e econômicas.[4] Esta estimativa desperta a nossa atenção para aqueles que são diretamente impactados pela perda de um ente querido em condições trágicas, e que necessitam de ajuda. Em uma conta conservadora, estamos falando de quase 5 milhões de pessoas por ano no mundo que precisam reconstruir suas vidas depois que alguém próximo se suicidou.

Como se vê, os dados revelam a gravidade de um problema que não é de conhecimento público nem aparece na lista de prioridades da maioria dos governos do mundo. Por que isso acontece? O que é preciso fazer para reverter essas estatísticas? Como prevenir o suicídio? É o que vamos abordar neste livro. Mas, antes, é importante conhecer os números relacionados a suicídio no Brasil.

3. *Prevenção do suicídio: manual dirigido a profissionais das equipes de saúde mental.* Ministério da Saúde, em parceria com a Organização Pan-Americana da Saúde e Unicamp, 2006, p.7, citando outro estudo da OMS.

4. Idem.

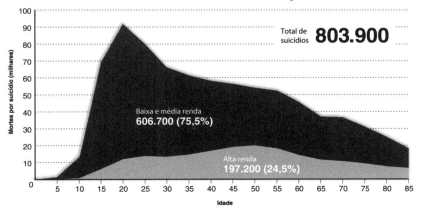

Fonte: OMS: Gráfico "Global suicides by age and income level of country", 2012, p. 18.

VIVER é a melhor opção

Enquanto isso, no Brasil...

O BRASIL APARECE abaixo da média mundial de suicídios. Mas antes de respirar aliviado, preste atenção nas diferentes maneiras como os números podem ser apresentados. Se, no mundo, a taxa média é de 11,4 mortes por 100 mil habitantes, em nosso país esse índice cai para 5,8 mortes por 100 mil habitantes (quase a metade da registrada no planeta), o que deixa o Brasil numa posição aparentemente cômoda: 113º lugar, em um *ranking* de 172 países.

Mas as próprias autoridades brasileiras reconhecem que a situação por aqui inspira cuidados, e é por isso que o suicídio no Brasil é considerado caso de saúde pública. Recentemente (setembro de 2017), o Ministério da Saúde anunciou que passará a divulgar anualmente o Boletim Epidemiológico sobre o Suicídio no Brasil, com dados atualizados para melhor orientar as políticas públicas na área de prevenção (veja na página 126).

Se, em números relativos, a posição do Brasil parece confortável – é o que revela o cálculo por 100 mil habitantes – em números absolutos ocupamos o 8º lugar no *ranking* mundial, com 11.821 óbitos por suicídio em 2012. É quase o mesmo número de óbitos de portadores do vírus HIV no mesmo período (11.896).

Isso dá uma média de 32 suicídios por dia.

Para ter uma ideia mais clara de como esses suicídios ocorrem no país, uma valiosa fonte é o *Mapa da violência 2014 – os jovens do Brasil,*[5] elaborado pelo pesquisador Julio Jaco-

5. O *Mapa da violência* é um estudo que traz o panorama sobre a evolução da violência contra os jovens, entre 1980 e 2012, considerando dados de estados, capitais e municípios. Ele busca identificar locais e determinantes dessa violência, em curto, médio e longo prazo.

bo Wailselfisz, cujas informações apresentaremos a seguir.

O relatório revela que, considerando apenas os dados oficiais do Ministério da Saúde, entre 2002 e 2012,[6] a taxa de crescimento dos suicídios em todo o país (33,6%) é superior à do crescimento da população no mesmo período (11,1%) e ultrapassa também o aumento dos homicídios (2,1%) e dos mortos em acidentes de trânsito (24,5%).

Quando se verifica a distribuição geográfica dos casos consumados, a preocupação aumenta. Em certas localidades brasileiras, as estatísticas se assemelham às dos países que lideram o *ranking* mundial.

Na década em questão (2002-2012), o aumento dos suicídios se deu com maior intensidade na região Norte (77,7%), seguido das regiões Nordeste (51,7%), Sudeste (35,8%), Centro-Oeste (16,3%) e Sul (15,2%).

Quando a lupa dos pesquisadores se detém na análise da situação nos estados e municípios, há novos dados reveladores.

No intervalo de uma década, em números relativos, os estados que registraram o maior crescimento das taxas de suicídio foram Paraíba (142,9%), Amazonas (131,3%) e Bahia (104,3%).[7]

No mesmo período, mas em números absolutos, o

6. Os dados do *Mapa da violência* totalizam informações da década entre 2002 e 2012, enquanto que a OMS alcança um período maior, entre 2000 e 2012.

7. *Mapa da violência*, tabela: 5.1.1.

A taxa de crescimento dos suicídios em todo o país é superior à do crescimento da população *ranking* dos estados onde há mais suicídios é liderado por São Paulo (o estado mais populoso), com 19.635 casos registrados (crescimento de 34,7% na década). Em segundo lugar, aparece o Rio Grande do Sul (5º estado mais populoso) com 11.977 casos registrados (crescimento de 14%), muito à frente do terceiro colocado, o Ceará (8º estado mais populoso) com 5.479 casos registrados (crescimento de 10,7%).[8]

8. Idem. Tabela 5.1.1.

Considerando apenas o número de casos registrados em 2012, o *ranking* é liderado pelo Rio Grande do Sul (10,9 casos por 100 mil habitantes), Santa Catarina (8,6) e Mato Grosso do Sul (8,4).[9]

9. Idem. Tabela 5.1.3.

Repare que o Rio Grande do Sul aparece em lugar de destaque tanto na lista com maior incidência de suicídios na década, como no ano-base de 2012 (último ano em que os dados sobre suicídio haviam sido totalizados até a confecção deste livro). Há estudos específicos tentando explicar as razões pelas quais os índices de suicídio nesse estado, em particular, são elevados. Investiga-se, por exemplo, a relação entre as taxas elevadas de suicídio com o uso de pesticidas nas lavouras (ver página 109), a influência cultural dos imigrantes – notadamente europeus, com padrões culturais eventualmente mais rígidos – e outras características regionais que estão sendo investigadas pelos suicidólogos.

O *Mapa da violência* também discrimina a incidência de suicídios na população mais jovem (entre 15 e 29 anos de idade) em 2012. Quando as taxas de suicídio nesse segmento são reveladas, aparecem em destaque Roraima (12,9 casos por 100 mil), Mato Grosso do Sul (12,1) e Acre (10,4).[10]

Nas capitais, o crescimento das taxas de suicídio entre jovens nessa década foi registrado com maior intensidade em Salvador (98,8% de crescimento), João Pessoa (76,8%) e Manaus (65,5%).[11]

A partir desses números, torna-se extremamente importante identificar as razões pelas quais a juventude – especialmente nessas regiões – encontra-se mais vulnerável ao suicídio. O que explicaria esse desalento existencial na fase mais exuberante da vida? De onde viriam a falta de motivação, o desânimo, o desinteresse? São algumas das questões inquietantes que emergem a partir desses dados.

Além das capitais, o relatório também investiga a situação nos municípios em geral. Nesses casos, só foram analisados aqueles com 20 mil habitantes ou mais, ou seja, 1.669 municípios em todo o país. Fechando o foco da pesquisa nos anos de 2008 e 2012,[12] as cidades que aparecem no topo da lista registram mais de 30 suicídios para cada 100 mil habitantes, "que é a marca de países como Lituânia e República da

10. Idem. Tabela 5.1.4.

11. Idem. Tabela 5.2.4.

12. Idem. Tabela 5.3.1.

> O que explicaria esse desalento existencial na fase mais exuberante da vida? De onde viriam a falta de motivação, o desânimo, o desinteresse?

Coreia, que encabeçam a listagem no nível internacional", ressalta o relatório. São Gabriel da Cachoeira, AM (51,2 casos por 100 mil habitantes), Três Passos, RS (41,9) e São Paulo de Olivença, AM (36,7) ostentam os alguns dos indicadores mais elevados do mundo.

No caso de São Gabriel da Cachoeira, AM, o índice ultrapassa o verificado na Guiana (44,2 por 100 mil habitantes), que lidera o *ranking* da OMS.

Os organizadores da pesquisa chamam a atenção para o fato de que "alguns desses municípios que aparecem nos primeiros lugares nas listas de mortalidade suicida são locais de assentamentos de comunidades indígenas". No caso específico do estado do Amazonas, enquanto "os indígenas representam 4,9% da população total (...) nos últimos anos, 20% dos suicidas são indígenas, quatro vezes acima que o esperado". No Mato Grosso do Sul, a situação é ainda pior: lá os indígenas representam 2,9% da população, e 19,9% do total de suicídios no estado. São números que gritam por atenção e políticas públicas especialmente dirigidas a essas comunidades pressionadas pela disputa de terras, crise de identidade e valores (processo de aculturação) e desassistência do Poder Público.

> Alguns municípios que aparecem nos primeiros lugares nas listas de mortalidade suicida são locais de assentamentos de comunidades indígenas

Quando se avalia a questão de gênero, o *Mapa da violência 2014* – neste caso, tomando como base um período maior – revela que as taxas de suicídio entre homens no Brasil (84,9%) são aproximadamente quatro vezes maiores que entre as mulheres (15,8%) entre 1980 e 2012, confirmando uma tendência internacional.

> Há algo que possa ser feito? A resposta é sim

O que todos esses números nos dizem? Que tragédias aparecem disfarçadas nesses e em outros estudos na forma de estatísticas? Em que medida toda essa dor e sofrimento nos alcançam e – esta é a intenção desse livro – nos convidam a refletir e agir de forma mais consistente em favor da vida?

Há algo que possa ser feito? A resposta é sim.

Além dos números

DEPOIS DE ACESSAR tantos números sobre suicídio no Brasil e no mundo, é possível que o leitor ainda esteja sob o impacto das estatísticas opressivas (e amplamente desconhecidas) que invariavelmente nos surpreendem pelo elevado número de casos. Entretanto, é muito importante deixar claro que esses indicadores não expressam com a devida precisão a realidade dos fatos. As taxas de suicídio são reconhecidamente ainda mais elevadas do que indicam os relatórios oficiais.

A própria Organização Mundial da Saúde reconhece o problema das 'subnotificações', ou seja, a baixa qualidade dos dados apurados na maioria dos países do mundo – principalmente naqueles onde o 'comportamento suicida' é considerado crime –, o que acaba comprometendo o resultado geral.

De acordo com a OMS, dos 172 Estados membros da Organização, apenas 60 têm registro civil de 'boa qualidade'. Nos outros 112 – que representam 71% dos suicídios registrados no mundo – os cálculos se baseiam em 'métodos de modelagem'.

Em boa parte dos casos, o registro oficial dos óbitos por suicídio aparece nominado como 'causa indeterminada ou desconhecida', 'acidente' ou até mesmo 'homicídio'.

No Brasil, a subnotificação também é mais frequente do que se imagina.[13] É comum fazer constar nos respectivos atestados de óbito a informação de que a morte por suicídio foi causada por 'acidente com arma de fogo', 'acidente de trânsito', *overdose* ou 'queda acidental', entre outras possibilidades. Em boa parte dos hospitais de emergência do Brasil, notadamente da rede pública, os procedimentos de rotina para o preenchimento de boletins que registram a entrada do paciente na unidade de saúde são feitos sem os devidos cuidados. A pouca atenção dispensada por alguns profissionais de saúde ao preenchimento desses boletins prejudica imensamente a produção confiável de dados a respeito do suicídio.

A imprecisão dos dados oficiais não é nova, e foi denunciada

13. Segundo o Datasus, esse quadro tende a melhorar, já que, a partir de 2011, houve uma mudança no conteúdo da 'Declaração de Óbito', com maior detalhamento das informações coletadas. Disponível em: http://tabnet.datasus.gov.br/cgi/sim/Obitos_Causas_Ext_1996_2012.pdf – Acesso em: 31 mar. 2018.

no já mencionado *Mapa da violência 2014 – os jovens do Brasil*, quando afirma que:

> A primeira grande limitação, assumida pelo próprio SIM (Sistema de Informação sobre Mortalidade), é o sub-registro. Esse sub-registro se deve, por um lado, à ocorrência de inúmeros sepultamentos sem o competente registro, determinando a redução do número de óbitos declarados. Por outro lado, também a incompleta cobertura do sistema, fundamentalmente nas regiões Norte e Nordeste, faz com que a fidedignidade das informações diminua com a distância dos centros urbanos e com o tamanho e a disponibilidade dos municípios. [...] Não só a quantidade, mas também as qualidades dos dados têm sofrido reparos: mortes sem assistência médica que impedem o apontamento correto das causas e/ou lesões; deficiências no preenchimento adequado da certidão; etc. Apesar dessas limitações, existe ampla coincidência em indicar, por um lado, a enorme importância desse sistema e, por outro, a necessidade de seu aprimoramento.

Ainda que defasados, esses indicadores funcionam como termômetros e podem ajudar a sociedade a identificar o nível de urgência com que o problema do suicídio deve ser enfrentado. Portanto, é do interesse de todos que o aprimoramento dos dados aconteça de fato. Não há dúvida de que o problema da subnotificação ou sub-registro alcança em cheio os dados oficiais sobre suicídio.

Também não se deve esperar de familiares ou amigos – especialmente os que detêm informações sobre a verdadeira causa do óbito – empenho no esclarecimento dos fatos. O autoextermínio deixa como legado o estigma que persegue os que conviveram mais proximamente com aquele que partiu. A pecha de 'suicida' é motivo de grande desconforto para os familiares que, além da dor da perda, ainda lidam com a sensação de culpa ou impotência diante do ocorrido. O estigma que persegue o suicida também impede, dependendo da jurisdição, que se negue a ele o pagamento de serviços funerários e até do seguro de vida aos familiares de uma pessoa que tenha se suicidado.

Para complicar ainda mais a situação, a tese prevalente, por absoluta ignorância da maioria de nós, é a de que quem se mata o faz porque assim o deseja – no exercício pleno de sua autonomia – e não há como impedir isso. Como são raros os movimentos que debatem o assunto publicamente ou defendem campanhas de esclarecimento para a população, a prevenção do suicídio é um tema ausente nas agendas do governo ou da sociedade, embora o suicídio (é bom lembrar) seja considerado caso de saúde pública no Brasil, a exemplo do que acontece em outros lugares. Contraditório, não? Mas é assim mesmo. E isso precisa mudar.

A INFORMAÇÃO QUE SALVA VIDAS

Uma das mais importantes e reveladoras pesquisas já feitas até hoje sobre suicídio compilou os dados de 15.629 casos de suicídios consumados em diferentes regiões do mundo. O trabalho foi realizado por um dos mais respeitados suicidólogos brasileiros, José Manoel Bertolote, professor da Faculdade de Medicina da Universidade Estadual de São Paulo–Unesp e consultor da Organização Mundial de Saúde (OMS), em parceria com a pesquisadora suíça Alexandra Fleischmann. Eles revisaram 31 artigos científicos publicados entre 1959 e 2001 para chegar a uma importante conclusão, como indica o gráfico abaixo:

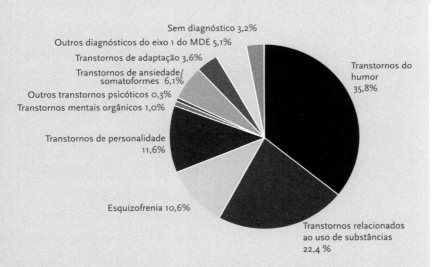

Fonte: BERTOLOTE, J. M.; FLEISCHMANN, A. 'Suicide and psychiatric diagnosis: a worldwide perspective' (em tradução livre: 'Suicídio e diagnóstico psiquiátrico: uma perspectiva mundial'). *In*: *World Psychiatry I* (3), p.181-185, 2002 – http://www.ncbi.nlm.nih.gov/pmc/articles/PMC1489848/#!po=64.2857 – Acesso em: 18 nov. 2014.

A figura resume o resultado da pesquisa, que evidenciou a relação existente entre suicídios e transtornos mentais.

continua...

continuação

Como se vê, em 90% dos casos, os suicídios estão associados a patologias de ordem mental que são diagnosticáveis e tratáveis.

Os problemas mentais mais associados ao suicídio são transtornos de humor (depressão), dependência de álcool e outras drogas (lícitas ou ilícitas), esquizofrenia e transtornos de personalidade.

No manual *Comportamento suicida: conhecer para prevenir*, produzido em 2009 especialmente para os profissionais de imprensa,[14] a Associação Brasileira de Psiquiatria informa, a partir dos dados dessa pesquisa, que:

> Não se trata de afirmar que todo suicídio relaciona-se a uma doença mental, nem que toda pessoa acometida de uma doença mental vá se suicidar, mas não se pode fugir da constatação de que uma doença mental é um importante fator de risco para o suicídio.

Em entrevista ao blogue *Suicídio: Conhecer para Prevenir*,[15] em 31/01/2013, o psiquiatra José Manoel Bertolote afirma que:

> O suicídio é uma situação de crise na vida que é absolutamente evitável. É uma eventualidade que ocorre geral-

14. Associação Brasileira de Psiquiatria. *Comportamento suicida: conhecer para prevenir*. Rio de Janeiro: ABP, 2009.

15. Blogue mantido pelo escritor Abel Sidney. Disponível em: http://conhecerparaprevenir.blogspot.com.br/2013/01/entrevista-com-o-psiquiatra-jose-manoel.html – Acesso em: 18 nov. 2014.

mente na vigência de uma doença mental, e é importante que cada cidadão se sinta responsável pelo vizinho ou parente que ele perceba estar em crise.

Para nós, a conclusão mais importante desse estudo é a possibilidade que temos de afirmar, com embasamento científico, que na maioria absoluta dos casos os suicídios são preveníveis. É a ciência derrubando a falsa premissa – amplamente disseminada – de que não há o que fazer quando alguém deseja se matar.

Apesar dos muitos desafios que temos pela frente, especialmente no Brasil, de se promover o atendimento digno, o diagnóstico preciso, a medicação adequada e acessível, o acompanhamento correto e eficiente, saber que é possível prevenir a ocorrência de novos casos de suicídio – tratando ou até mesmo curando as doenças que precipitam ou agravam os pensamentos suicidas – é algo extremamente positivo e alentador.

É preciso, entretanto, abrir caminho para políticas públicas mais eficientes e assertivas que promovam o atendimento digno e combatam o preconceito contra esse segmento numeroso da população. A própria OMS afirma que o estigma social associado a essas doenças ou transtornos impede essas pessoas de procurar ajuda e, dependendo do caso, aumenta o risco de suicídios.

Há muito que ser feito. E é preciso fazer rápido. ∎

UM TABU

2

Tabu: escrúpulo aparentemente injustificado, sem fundamento ou imotivado.

Dicionário Houaiss da Língua Portuguesa, 2001

Efeito dominó

É BASTANTE PROVÁVEL que a maior parte das informações expostas até aqui seja desconhecida pela maioria das pessoas, mesmo daquelas que se julgam bem informadas. Pelo menos era para mim, quando as acessei pela primeira vez. Me senti até incomodado pelo fato de, sendo jornalista e vivendo no mundo da informação, ignorar esses dados. Mas há uma explicação para isso.

O suicídio é um tabu, um assunto invisível, ausente, sobre o qual preferimos não falar. Nem os números oficiais mostrados anteriormente parecem ter força suficiente para modificar esse

Na área da saúde, prevenção se faz com informação. Isso também vale para suicídio

quadro. Apesar da gravidade da situação e dos incalculáveis transtornos causados pelo elevado número de casos, o suicídio está fora do radar dos governos e da sociedade. Não é sequer lembrado como questão relevante na área da saúde pública pelas mídias. Sem informação, a sociedade não o reconhece como um problema, não mobiliza esforços e nem consagra tempo e energia para tentar reduzi-lo.

É preciso quebrar esse círculo vicioso. Não será possível reverter as estatísticas de suicídio no Brasil e no mundo sem informação.

Na área de saúde, prevenção se faz com informação. O que vale para dengue, aids, hanseníase, câncer de mama, hipertensão, tabagismo, doenças cardiovasculares e tantas outras morbidades vale também para suicídio.

Não é fácil quebrar esse estigma e há muito trabalho pela frente para tentar romper a muralha do silêncio.

"Há um jeito certo de falar sobre suicídio", dizem os estudiosos. Construiu-se ao longo do tempo a certeza – e há farto material de pesquisa sobre isso – de que qualquer abordagem menos cuidadosa do assunto na literatura, no cinema, no jornalismo ou em qualquer outro meio de comunicação (e até mesmo nas relações interpessoais) poderá precipitar a ocorrência de novos casos em pessoas vulneráveis que estejam passando por um momento difícil psíquica, emocional ou existencialmente.

Os precedentes viriam de longe. No campo da literatura, a descrição do suicídio dos personagens principais de *Romeu e Julieta* (1597), de William Shakespeare, teria desencadeado situações semelhantes.

Mas a primeira evidência disso ocorreu posteriormente, no século 18, por conta da obra de sucesso do escritor alemão Johan W. Von Goethe, *As amarguras do jovem Werther*, escrito em 1774. Nesse romance, o personagem principal, desiludido amorosamente, no final da história resolve se matar com um tiro na cabeça. Vivia-se o auge do período histórico conhecido nas artes como Romantismo. Após a divulgação dessa obra, verificou-se que muitos jovens, desiludidos amorosamente, escolheram o mesmo método descrito por Goethe para se matar. O autor chegou a ser acusado de assassinato e exemplares de seu livro foram retirados preventivamente de circulação.

Dá-se a esse fenômeno o nome de mimetismo, ou 'efeito Werther', processo que serve de inspiração para a repetição do ato, que atinge principalmente adolescentes e jovens.

Na história moderna, a notícia da morte de Marilyn Monroe, reportada na época como suicídio – embora nunca tenha sido provado –, teria determinado a elevação da taxa de mortalidade por autoextermínio nos Estados Unidos em 12% no mês de agosto de 1962, com 303 casos acima da média histórica para o período, entre outros exemplos registrados pelo mundo.[16]

Não se trata de censurar o suicídio nas artes ou no jorna-

16. Embora não haja ainda dados estatísticos que indiquem mudanças nas taxas de suicídio nos Estados Unidos a partir da morte de Robin Williams (que se matou em 11/08/2014), o ator americano foi o assunto mais citado no Google em 2014, superando a Copa do Mundo no Brasil e o vírus ebola.

lismo. Não é isso que defendem os suicidologistas, mas sim a abordagem ética, cuidadosa e responsável do tema. A diferença entre seguir as recomendações dos especialistas e ignorá-las é, em alguns casos, a mesma que separa a vida da morte.

O papel das mídias

DE TODOS OS casos de saúde pública no Brasil, o suicídio é certamente aquele que menos espaço ocupa nas mídias (televisão, rádio, jornal, revista, *sites*, redes sociais etc.). Na maioria absoluta dos veículos de comunicação, prevalece o entendimento de que as notícias sobre suicídio podem precipitar a ocorrência de novos casos. Por conta disso, em boa parte das mídias, nada se diz, nada se fala, nada se comenta. Na prática, é como se não houvesse suicídios no Brasil e no mundo. Em nome da prudência, elimina-se o assunto do noticiário. Será essa a melhor estratégia? Para os suicidologistas, a resposta é definitivamente 'não'.

Para os gestores que atuam na área de saúde pública, a parceria com as mídias é estratégica. É indispensável a participação dos veículos (de maior ou menor porte) na disseminação de informações úteis para a prevenção, tratamento ou cura de doenças e problemas que afligem o país. Para que o maior número possível de brasileiros entenda os benefícios do aleitamento materno, dos exames preventivos, da vacinação infantil, ou se mobilize fazendo a sua parte nas campanhas contra os mais variados tipos de doença, é preciso o apoio das diferentes mídias. Com a prevenção do suicídio não pode ser diferente.

Especificamente no jornalismo, a omissão deliberada de dados e estatísticas oficiais sobre suicídio; a supressão de pautas relativas ao problema; o veto premeditado a reportagens especiais que aprofundem a compreensão do fenômeno do suicídio no Brasil; a indiferença ao trabalho realizado por pessoas e instituições que militam em favor do apoio emocional e da prevenção ao suicídio – tudo isso poderia ser considerado um desserviço ao país.

Essa postura excessivamente cautelosa desmobiliza um aparato que a sociedade só teria condições de acionar se devidamente informada e conscientizada a respeito do problema do suicídio no país. O silêncio em torno do assunto alimenta a passividade, quando o momento deveria ser de ação. A questão fundamental é: sendo um problema de saúde pública, fato desconhecido da maioria dos brasileiros, como o assunto suicídio deveria ser tratado pelas mídias?

Em 1996, a Organização Mundial da Saúde deu a largada para o monitoramento dos suicídios e das tentativas de suicídio entre jovens, e chamou a atenção para a necessidade de

> O silêncio em torno do assunto alimenta a passividade, quando o momento deveria ser de ação

se instituir políticas públicas de proteção e medidas de prevenção para distintos grupos da população. Parecia prever um cenário de muitas dificuldades, se não houvesse uma ampla mobilização da sociedade. Era preciso fazer alguma coisa, e não apenas no âmbito da OMS. Alcançar a sociedade, sensibilizar a opinião pública e envolver os formadores de opinião.

Foi nesse contexto que surgiu anos depois (2000) o documento *Prevenir o suicídio: um guia para os profissionais da mídia*,[17] produzido por especialistas ligados à Organização Mundial de Saúde, como parte do Supre (*Suicide Prevention Program*).[18]

A orientação mais importante dirigida aos jornalistas e comunicadores neste guia é resumida na seguinte frase:

> Noticiar acerca do suicídio de uma forma apropriada, cuidadosa e potencialmente útil pelas mídias esclarecidas poderá prevenir trágicas perdas de vida por suicídio.

Em outras palavras, o documento afirma que existem maneiras diferentes de abordar o problema do suicídio na mídia, e que isso pode salvar vidas. Este é o ponto fundamental sobre o qual todos os profissionais de comunicação e estudiosos do assunto deveriam refletir, perceber-se dentro do processo e verificar que ajustes devem ser feitos. Quantas vidas poderiam ser salvas no Brasil, se o tratamento dispensado por jornalistas e comunicadores ao problema do suicídio fosse menos preconceituoso e dogmático?

Uma das recomendações expressas nesse guia da OMS su-

---

17. OMS, Departamento de Saúde Mental – Transtornos Mentais e Comportamentais. *Prevenir o suicídio: um guia para os profissionais da mídia*. Genebra, 2000.

18. Lançado em 1999, o Supre é uma iniciativa da OMS para a prevenção do suicídio, que tem como principal objetivo "reduzir a mortalidade e morbidade por comportamentos suicidas, quebrar o tabu em torno do suicídio, e reunir governo e sociedade de forma integrada para superar os desafios" nesse campo.

gere a "apresentação de uma listagem dos serviços de saúde mental disponíveis e linhas telefônicas de ajuda". Nesse quesito, é interessante observar as dificuldades enfrentadas pela mais antiga organização não governamental de apoio emocional e pre-

> Quantas vidas poderiam ser salvas no Brasil, se o tratamento dado ao suicídio na mídia fosse menos preconceituoso e dogmático?

venção do suicídio no Brasil. Fundado em 1962, o Centro de Valorização da Vida (CVV) não possui vinculações políticas ou religiosas, sobrevive com a ajuda dos próprios voluntários e depende do apoio da mídia para que os telefones de atendimento – ou o *chat* na internet – sejam divulgados para o grande público (mais informações sobre o CVV na página 127).

Merece também registro os bons exemplos de profissionais que se revelam cuidadosos na forma como veiculam conteúdos associados a suicídio. É o caso daqueles que participaram nos Estados Unidos da cobertura ao vivo dos atentados contra as Torres Gêmeas, em 11 de setembro de 2001, em Nova Iorque. De forma espontânea, eles deixaram de exibir imagens de dezenas de pessoas pulando dos andares mais altos do World Trade Center em chamas, no entendimento de que eram demasiadamente chocantes e apelativas. Percebeu-se, no calor de uma exaustiva transmissão ao vivo, que não seria conveniente

E O OSCAR VAI PARA...

Aconteceu na cerimônia de entrega do Oscar em fevereiro de 2015, com transmissão ao vivo para 225 países do mundo, entre os quais o Brasil. O vencedor na categoria "curta documentário" (*short documentary*) foi o média-metragem de 40 minutos produzido pela HBO sobre o serviço de ajuda telefônica para veteranos de guerra dos Estados Unidos. *Crisis Hotline: Veterans Press 1* registra a rotina desta organização que recebe 22 mil ligações por mês de um público específico, que responde por aproximadamente 20% de todos os suicídios registrados por ano naquele país.

Desde que foi criado em 2007, esse serviço já atendeu a mais de 1,3 milhão de chamados, e contabiliza aproximadamente 42 mil casos evitados de suicídio (www.veteranscrisisline.net). Ao subir ao palco do suntuoso Dolby Theatre, em Los Angeles, a produtora Dana Perry agradeceu a estatueta com um discurso emocionante: "Eu quero dedicar esse prêmio ao meu filho. Nós o perdemos para o suicídio. Nós precisamos falar claramente sobre suicídio em alto e bom som. Isto é para ele", disse Dana. Após a cerimônia, em entrevista aos jornalistas que cobriam o evento, ela disse que seu filho, Evan Scott Perry, se suicidou com a idade de 15 anos em 2005. "Eu perdi meu filho. Nós precisamos falar em alto e bom som (ela repetiu a expressão *out loud*, usada no agradecimento) sobre suicídio e trabalhar contra o estigma e o silêncio em relação ao assunto. A melhor forma de prevenir o suicídio é nos conscientizando e discutindo, e não varrendo o problema para debaixo do tapete".

Minutos depois, na mesma cerimônia, outro ganhador do Oscar voltaria a falar abertamente de suicídio no Dolby Theatre. Ao subir ao palco para receber a estatueta dirigida ao melhor roteiro adaptado pelo filme *The Imitation Game* ("O jogo da imitação"), o escritor e produtor Graham Moore revelou para o mundo algo importante de seu universo íntimo: "Quando eu tinha 16 anos, tentei me matar porque me sentia estranho, me sentia diferente, sem pertencimento. E agora eu estou aqui. Gostaria de dedicar esse momento para aquele garoto lá fora que se sente estranho ou diferente, que não se sente encaixado na vida. Sim, você se encaixa. Continue estranho. Continue diferente. Quando chegar a sua vez, e você permanecer firme, por favor, passe a mesma mensagem para a pessoa seguinte."

Ambos os discursos foram amplamente comentados nas redes sociais e mereceram destaque na cobertura do Oscar e em colunas e reportagens especiais feitas após a cerimônia.

Dana Perry e Graham Moore falaram de improviso para bilhões de pessoas pelo mundo. Não deve ter sido fácil. Em um momento de glória pessoal e profissional, expuseram corajosamente suas dores, imaginando que com isso ajudariam outras pessoas a lidar de forma diferente com os mesmos problemas. Abriram espaço para fomentar o debate em torno do suicídio, na tentativa de quebrar o nefasto tabu em torno do assunto. Pela repercussão positiva que suas falas tiveram – e pelo respeito conquistado a partir de suas próprias experiências – o resultado foi o melhor possível. ∎

mostrar tudo aquilo que estava ao alcance das lentes de fotógrafos e cinegrafistas. A cobertura da tragédia não se omitiu em relação ao episódio dos suicídios, mas o registro desse fato mereceu cuidados especiais.

Quanto mais apelativa a maneira de se mostrar casos de suicídio na mídia, mais enérgica costuma ser a reação de certos setores da sociedade. Um caso ocorrido há alguns anos envolveu uma emissora de televisão do Brasil, que transmitiu ao vivo para todo o país, no horário da tarde, o suicídio de um agente da polícia – ele deu um tiro na cabeça – em frente à sede do Governo do Estado de São Paulo. As imagens foram depois reprisadas em outros telejornais da emissora. A empresa de comunicação foi obrigada pelo Ministério Público a assinar um Termo de Ajustamento de Conduta (TAC), em que assumia o compromisso de veicular durante dois meses mensagens positivas, de cunho social e que valorizassem os direitos humanos.

Diante desse quadro, cabe aqui uma breve reflexão sobre o papel dos comunicadores no mundo de hoje.

É função da mídia (do latim *media*, que significa 'meio', 'instrumento mediador') aproximar as partes, construir pontes, promover o encontro de quem tem a informação com quem a consome. Deve proporcionar debates, discussões e reflexões que influenciem hábitos e comportamentos, e amadureçam a visão de mundo de sua sociedade, bem como o exercício pleno da cidadania.

A mídia também costuma ser definida como um espelho da sociedade, com todos os seus paradoxos e contradições, sua heterogeneidade e complexidade. O veículo de comunicação que abre espaços para as diferentes correntes de pensamento, visões de mundo e diagnósticos da realidade é aquele que cumpre da melhor maneira possível sua função. Enquanto a mídia ignorar que o suicídio é um caso de saúde pública no Brasil, deixará de cumprir uma função importante, e estará em dívida com a sociedade. Há muito que fazer. Não há por que avaliar novos casos de autoextermínio com o silêncio: quem cala, consente.

O jeito certo de falar de suicídio

QUAL SERIA, ENTÃO, A melhor maneira de se abordar o suicídio? Nem censurar, nem falar de qualquer jeito. Quando o assunto é suicídio, a adoção de certos cuidados por parte de jornalistas e comunicadores em geral pode evitar a repetição de novos casos e, mais importante, promover a cultura da prevenção através da informação clara e objetiva em favor da saúde.

Seguem algumas orientações importantes que devem pautar os provedores de conteúdo das mais diversas mídias e redes sociais, extraídas do documento *Prevenção do suicídio: manual dirigido aos profissionais de imprensa*:[19]

- **Evitar repetição de histórias sobre suicídio:** a frequência com que o assunto aparece em destaque na mídia pode impactar negativamente os grupos de risco.

19. *Prevenção do suicídio: manual dirigido aos profissionais de imprensa.* Ministério da Saúde em parceria com a Organização Pan-Americana de Saúde, 2006.

- **Recorrer a fontes confiáveis e comentários de especialistas que estudem o assunto:** evita-se, assim, a repetição de mitos populares, como "aqueles que ameaçam, não cometem suicídio" ou "se alguém quiser se matar, nada vai impedi-lo", que não correspondem à realidade.

- **Evitar explicações simplistas para o suicídio:** deve-se evitar transformar o evento que deflagrou a crise como sendo a única causa do suicídio. Invariavelmente, há outros fatores associados.

- **Dar visibilidade à relação que existe entre suicídio e transtornos mentais, principalmente depressão e alcoolismo:** como já dissemos, em aproximadamente 90% dos casos de suicídio há intercorrência entre o autoextermínio e algum transtorno mental. O reconhecimento precoce do problema pode salvar vidas. É importante reportar os sintomas de depressão e outros transtornos mentais e indicar onde se pode encontrar ajuda profissional.

- **Evitar a 'glamourização' ou a glorificação de quem comete suicídio:** isso pode estimular outras pessoas a fazerem o mesmo. Convém não romancear o ato suicida.

- **Cuidado redobrado ao noticiar o suicídio de celebridades:** nesses casos o efeito de repetição, especialmente entre os mais jovens, é maior. Convém evitar fofocas e rumores, e consultar os parentes antes de publicar algum comentário especulativo.

• **Calibragem correta das informações sobre quem se matou:** é comum publicar apenas os depoimentos de parentes e amigos que enaltecem os aspectos positivos de quem se matou. Quando não se conhecem os problemas e são destacadas apenas as qualidades, o suicídio pode parecer atraente para pessoas vulneráveis, especialmente aquelas que raramente recebem elogios ou reconhecimento.

• **Apresentar modelos positivos:** é importante abrir espaço na mídia para os exemplos de superação, gente que procurou ajuda e conseguiu vencer o desespero ou estados de perturbação que poderiam resultar até em suicídio.

• **Fornecer poucos detalhes sobre o método utilizado:** descrever detalhadamente o método usado no suicídio pode levar à imitação do comportamento suicida. Exemplo: noticiar que uma pessoa morreu por ingestão excessiva de medicamentos pode não ser grave, mas fornecer o número e tipo de comprimidos ingeridos pode gerar novas mortes.

• **Divulgar informações sobre onde conseguir ajuda:** endereços, telefones e *sites* de instituições onde seja possível obter auxílio.

- **Evitar a palavra suicídio na manchete:** pesquisas confirmam risco de contágio a partir do destaque dado ao assunto na primeira página.

- **Não devem aparecer fotos do falecido.**

- **Não se deve deixar a palavra suicídio parecer sinônimo de 'êxito', 'saída', 'opção', 'solução'.**

- **Evitar linguagem sensacionalista.**

- **Censura e desinformação sobre suicídio não ajudam e perpetuam o tabu:** é mais importante para o público estar atento ao fenômeno do suicídio do que ignorar os sinais de alerta e não saber onde procurar ajuda ou como prevenir o comportamento suicida.

- **Os jornalistas também podem ficar vulneráveis:** noticiar suicídio pode ser bastante estressante, especialmente se a pessoa responsável pela cobertura encontrar ali algo da sua própria experiência e tiver que lidar com isso. Nesse caso, o profissional deve conversar com colegas, amigos, família e buscar ajuda.

- **Publicar fatores de risco para o suicídio:** doença mental, presença de ideias suicidas, antecedentes pessoais ou familiares de comportamento suicida, falta de apoio familiar e social, maus tratos físicos ou psicológicos etc.

MITOS EM RELAÇÃO AO SUICÍDIO

Onde a desinformação é grande, cria-se o ambiente perfeito para a proliferação de histórias sem fundamento que afastam as pessoas do conhecimento sério e responsável. Quando o assunto é suicídio, importa conhecer e divulgar as informações comprovadamente verdadeiras, que nos ajudam a compreender melhor o problema.

Nesse sentido, seguem alguns mitos que despertam a curiosidade do público, e que foram compilados do relatório mencionado, *Prevenção do suicídio: manual dirigido aos profissionais de imprensa*:

"Cão que late não morde" – Aqueles que falam abertamente sobre seus pensamentos e planos podem cometer suicídio. A maioria das pessoas que tiraram a própria vida ou tentaram fazê-lo (pelo menos dois terços dos casos) anunciaram a intenção previamente.

"Se alguém deseja se matar, não há nada que possa ser feito" – Ajuda apropriada e apoio emocional podem reduzir o risco de suicídio. Não é possível evitar em 100% dos casos, mas em grande parte das situações.

"Quem só fica tentando o suicídio, não vai se matar realmente" – Quem já tentou se matar alguma vez pertence ao grupo de maior risco de suicídio e deve ter suas ameaças sempre levadas a sério.

continua...

continuação

"Falar sobre suicídio pode encorajá-lo" – Ao contrário. Dar oportunidade para alguém desabafar e compartilhar seus maiores medos e sentimentos pode fazer a diferença em favor da vida.

"Somente doentes mentais ou clinicamente deprimidos fazem sérias tentativas de suicídio" – Embora a maioria das pessoas que se suicidam ou tentam se matar tenha algum transtorno mental, sentimentos de desespero e desesperança também podem provocar o pensamento suicida em quem não apresenta esse tipo de problema.

"Se uma pessoa já pensou seriamente em se matar, ela será sempre um suicida" – Quem deseja tirar a própria vida pode pensar isso por um período limitado de tempo. Com apoio emocional, pode superar a crise e seguir em frente.

"O suicídio é um ato de covardia (ou de coragem)" – O que dirige a ação autoinfligida é uma dor psíquica insuportável e não uma atitude de covardia ou coragem.

Seguem, abaixo, outros mitos relacionados ao suicídio:[20]

"Pessoas que se matam não avisam a ninguém" – De cada dez pessoas que cometem suicídio, oito deixam pistas concretas de suas intenções. Mas essas advertências nem sempre são verbais ou percebidas com clareza por quem está próximo.

20. Disponível em: http://en.wikipedia.org/wiki/Suicidology – Acesso em: 10 dez. 2014.

"Pessoas que se matam sempre deixam alguma mensagem" – A maioria das pessoas não deixa nenhuma mensagem que ajude a entender por que decidiram se matar. Apenas um percentual pequeno de suicidas deixa alguma explicação por escrito.

"Quem fala sobre suicídio está tentando apenas chamar a atenção" – Em mais de 70% dos casos, quem ameaça se matar realiza a tentativa ou comete suicídio. Quem pensa seriamente em suicídio costuma deixar pistas ou avisos que devem ser entendidos como gritos de socorro.

"A melhoria do estado emocional elimina o risco do suicídio" – Em boa parte dos casos, os suicídios ocorrem no prazo de até três meses após uma aparente melhora, depois de um estado depressivo severo. É preciso dispor de um nível mínimo de energia para responder a um impulso suicida.

"Depois que uma pessoa tenta se matar, é improvável que ela tente novamente" – Em 80% dos casos, quem comete suicídio já realizou pelo menos uma tentativa anteriormente.

"Uma tentativa de suicídio mal sucedida significa que a pessoa não estava realmente determinada a se matar" – Algumas pessoas são ingênuas quando intencionam se matar. A tentativa em si é o fator mais importante, não o método. ■

POR QUÊ?

3

O correr da vida embrulha tudo. A vida é assim: esquenta e esfria, aperta e daí afrouxa, sossega e depois desinquieta. O que ela quer da gente é coragem. O que Deus quer é ver a gente aprendendo a ser capaz de ficar alegre a mais, no meio da alegria, e inda mais alegre ainda no meio da tristeza.

GUIMARÃES ROSA

Problema social ou individual?

A DECISÃO DE se matar, segundo o filósofo francês Émile Durkheim (1858-1917), considerado o 'pai' da sociologia, teria sempre um fundamento social. Seria a expressão individual de um fenômeno coletivo, sustentado por um conjunto de fatores – todos inerentes à vida em sociedade – que predispõem algumas pessoas a interromper a existência.

No seu livro *O suicídio* (1897), considerado um marco não só para os estudos do suicídio, mas para todo o campo da sociologia, pela inédita e rigorosa pesquisa que o embasou, Durkheim apontava que:[21]

21. Disponível em: http://en.wikipedia.org/wiki/Suicide – Acesso em: 15 nov. 2014.

• Taxas de suicídio são maiores entre homens do que mulheres (embora mulheres casadas que permanecem sem filhos por alguns anos registrem taxas altas de suicídio).
• Taxas de suicídio são maiores entre solteiros do que casados.
• Taxas de suicídio são maiores entre os que não têm filhos do que os que têm.
• Taxas de suicídio são maiores entre soldados do que civis.
• Taxas de suicídio são maiores em tempos de paz do que em períodos de guerra.

Reparem como algumas das principais conclusões dessa pesquisa realizada no fim do século 19 (com muitas limitações) antecipam os resultados dos atuais estudos promovidos pela Organização Mundial da Saúde em nível global.

Atualmente, ainda que as teses de Durkheim sejam questionadas por muitos estudiosos, pela impossibilidade de explicar todos os óbitos por suicídio, é evidente que o meio social em que estamos inseridos exerce constante influência sobre nós.

Quais seriam, então, as principais 'causas sociais' do suicídio hoje, em um contexto tão diferente ao do século 19, período no qual o sociólogo viveu a maior parte da sua vida?

Não temos respostas fechadas para uma pergunta tão ampla e complexa, mas podemos levantar algumas questões.

Alcançamos um inédito desenvolvimento científico e tecnológico, uma capacidade de tratar e curar doenças, e de promover a interatividade entre as pessoas com equipamentos cada vez mais acessíveis nunca antes vista na história. A desigualdade social persiste, mas os indicadores que medem a qualidade de vida das populações espalhadas pelo planeta jamais registraram tantos avanços (redução da mortalidade infantil e da fome, aumento da expectativa de vida, mais crianças na escola, mais gente assistida por variados programas sociais etc.) em relação aos dos nossos antepassados. Mesmo quando nos deparamos com a situação de extrema penúria de alguns países que ainda parecem distantes desse panorama (Haiti, Serra Leoa, Bangladesh, entre outros), o fato é que o mundo avança – lenta, mas progressivamente – na direção da melhoria da qualidade de vida das pessoas e do maior respeito aos direitos humanos.

Apesar disso, muitos de nós nos sentimos infelizes, solitários ou culpados por não nos percebermos plenamente integrados ao 'bônus' da modernidade.

Quando isso acontece, é comum perguntarmos: "Sou eu que preciso de ajuda ou o mundo se tor-

> Sou eu que preciso de ajuda ou o mundo se tornou mesmo um lugar estranho, sem graça?

VIVER é a melhor opção

nou mesmo um lugar estranho, sem graça?"

Como já disse, não é fácil responder a essa pergunta, nem creio que haja uma única resposta certa. Cada um de nós resume um universo complexo, rico de possibilidades e questões que merecem ser investigadas com o devido cuidado e atenção.

Mas é fato que o meio em que estamos inseridos – e as circunstâncias que permeiam a nossa existência – determina boa parte da luz e da sombra que seguem conosco.

Suicidologia

DÁ-SE O NOME de suicidologia à área da ciência que se envolve mais diretamente com a investigação dos assuntos ligados ao suicídio. É um tema complexo e abrangente, que pode alcançar diferentes campos do conhecimento, como a filosofia, a psicologia, a psiquiatria, a sociologia, a antropologia, a biologia, a história, entre outras. Normalmente, psiquiatras e psicólogos são os profissionais mais identificados com esse tema.

Por se tratar de uma área nova da ciência, há ainda mais perguntas do que respostas. Uma das poucas certezas dos cientistas é a de que não é possível afirmar que haja apenas uma única causa determinante para que o suicídio ocorra. Quando, por exemplo, uma determinada pessoa é surpreendida com uma profunda decepção na sua vida amorosa e resolve se matar, alguém dirá que ela se matou 'por amor'. Quem assim pensa, aceita a tese de que a desilusão amorosa em si mesma teve o poder de levar aquela pessoa ao suicídio.

O suicidólogo terá o cuidado de rastrear outras possíveis causas que possam estar associadas a um fator preponderante, no exemplo em questão, a desilusão amorosa. É como montar um quebra-cabeça em que cada pecinha, embora limitada, compõe o tabuleiro e permite a melhor compreensão do que se está investigando. Como foi a infância dessa pessoa que se matou? Ela teria crescido em um ambiente cercado de amor, carinho, afeto, atenção? Sofreu déficit de atenção, maus tratos, isolou-se da família? Nosso histórico familiar – especialmente as ocorrências da infância – explica muito daquilo que somos, como reagimos a determinadas situações de estresse ou abalos emocionais.

Como essa pessoa se relacionava com os amigos? Se sentia integrada, valorizada? Havia sensação de pertencimento? Alguém no círculo de amizades ocupava um lugar especial, permitindo que ela se sentisse à vontade para compartilhar intimidades, fazer confidências? É nos momentos difíceis que os amigos de verdade fazem toda a diferença, nos ouvindo sem julgar, nos amparando e dando força. Se experimentamos uma crise, os amigos podem funcionar como uma rede de proteção, nos dispensando atenção extra e cuidados especiais.

Quem se matou possuía alguma crença em uma força superior, à qual podemos chamar de Deus ou de outro nome qualquer? Acreditava na Providência Divina, na intercessão de algum santo ou espírito de luz? Não se pode dizer que isso elimine o risco do suicídio, mas é um fator inibidor. Todas as religiões procuram, a seu modo, explicar o sentido da dor e do sofrimento, e rejeitam a possibilidade de o suicídio ser uma opção aos olhos de Deus. Quando a situação está difícil, muita gente – até mesmo quem não acredita em nada – costuma recorrer a essa 'força superior' como recurso extremo. Um bom exemplo disso acontece nas reuniões do A.A. (Alcoólicos Anônimos), que não possui qualquer vinculação religiosa, mas recita em todas as reuniões a *Oração da serenidade*:

> Concedei-nos, Senhor, a serenidade necessária
> Para aceitar as coisas que não podemos modificar,
> Coragem para modificar aquelas que podemos,
> E sabedoria para distinguir umas das outras.

O 'senhor' mencionado na oração não pertence a nenhuma religião em particular, ou melhor, é o 'senhor' de todas as religiões e que também alcança todas as manifestações individuais de fé não vinculadas às tradições convencionais. É, em resumo, uma força superior, evocada sistematicamente para revigorar os ânimos e as disposições de quem enfrenta a dura luta contra o vício.

Uma das linhas de investigação do suicidólogo, portanto, é rastrear informações que ajudem a entender melhor a história de quem tentou ou consumou o ato suicida. Ainda que haja uma causa preponderante, ela sozinha não explicaria por si o que aconteceu.

OS 13 PORQUÊS

Em abril de 2017, a Netflix – maior serviço de *streaming* do mundo – lançou aquela que viria a ser a mais popular série de sua história até então. *13 Reasons Why* foi baseada no best-seller homônimo lançado em 2007 e que tem como personagem principal uma adolescente que comete suicídio nos Estados Unidos.

A série começa com o suicídio da jovem Hannah Baker, e o cuidado que ela teve – antes de se matar – de registrar em 13 diferentes gravações as situações e os personagens que teriam, de alguma forma, contribuído para a decisão de se matar. *Bullying*, drogas, depressão, assédio, homofobia, violência sexual e outros problemas recorrentes na escola onde Hanna estuda – e em tantas outras escolas pelo mundo – tornam a vida da protagonista uma experiência cada vez mais angustiante. Castigada por sucessivas decepções e frustrações, sem ter com quem compartilhar sua dor, ela se percebe subitamente sem saída. É quando resolve se matar.

Os produtores da Netflix parecem ter ignorado várias recomendações da Organização Mundial da Saúde (OMS) sobre como se deve abordar o problema do suicídio em obras de ficção. A ótima ideia de expor o problema do suicídio entre jovens – um tema relevante que deveria inspirar mais roteiristas – ignorou alguns cuidados básicos indicados pelos

continua...

continuação

profissionais de saúde especializados no assunto (suicidólogos). Além do "Efeito Werther" (quando o suicídio pode tornar-se inspirador para pessoas fragilizadas psíquica ou emocionalmente), a série da Netflix promoveria também a vitimização do suicida, justificando o autoextermínio de Hannah por tudo o que lhe aconteceu. Como se diante de tantas experiências dolorosas não houvesse mesmo outra saída. Como se os outros – quando não fazem exatamente aquilo que esperamos deles – pudessem ser responsabilizados pelo suicídio de alguém.

Poucas vezes na tevê ou no cinema uma cena de suicídio foi mostrada com tamanho realismo e brutalidade. É uma aula mórbida sobre como promover o autoextermínio numa banheira. Violência desnecessária, tragicamente didática e infortunadamente sugestiva. Antevendo as críticas, a Netflix abre o capítulo com um texto onde se lê a seguinte mensagem: "Este episódio contém cenas que alguns espectadores podem considerar perturbadoras e/ou podem não ser adequadas para públicos mais jovens". Será que funciona como álibi? Quem assistiu a todos os 12 episódios anteriores deixaria de assistir ao último por causa desse aviso? É pouco provável. O vídeo à parte em que a Netflix dá voz aos produtores para que expliquem o que pretenderam exatamente ao realizar a série (todos defendem o produto como de fundamental importância para denunciar o problema do suicídio e evitar novos casos) parece pouco convincente para quem conhece os riscos dos chamados "gatilhos".

Aproximadamente um mês depois do lançamento de *13 Reasons Why*, a Associação Americana de Suicidologia divulgou um comunicado em seu site registrando o aumento do número de telespectadores adolescentes "impactados negativamente" pela série. Relatórios produzidos por profissionais de saúde mental dos Estados Unidos denunciavam um "aumento significativo" dos atendimentos de jovens nas emergências dos hospitais com eventuais internações.

No mesmo comunicado, a Associação informou que pediu à Netflix a inclusão de advertências adicionais antes de cada episódio da série, e conclamou seus assinantes a "entrar em contato com eles para solicitar que incluíssem essas advertências".

Apenas três meses depois da estreia de *13 Reasons Why*, um estudo feito pela Universidade Estadual de San Diego, nos Estados Unidos, e publicado na revista *Jamma Internal Medicine* revelou que as consultas feitas na internet relacionadas a suicídio aumentaram 19% depois que a série da Netflix começou a ser exibida. Também aumentaram as buscas sobre "como se suicidar" (26%), "cometer suicídio" (18%), e "como se matar" (9%). Em contrapartida, também aumentaram

continua....

continuação

as buscas relacionadas à "prevenção ao suicídio" (23%) e "serviço de ajuda a suicidas" (12%).

"Embora seja encorajador que o lançamento da série esteja relacionado com uma maior conscientização sobre o suicídio e sua prevenção, nossos resultados respaldam os piores medos dos críticos da série: *13 Reasons Why* pode ter inspirado muitos a agir sobre seus pensamentos suicidas, procurando informações sobre como se suicidar", disse em entrevista à imprensa John W. Ayers, que comanda a pesquisa.

O pesquisador defendeu a retirada da série do ar até que a Netflix configurasse os episódios de acordo com as orientações da Organização Mundial de Saúde. Isso não aconteceu até o fechamento desta edição. A Netflix, aliás, confirmou a continuação de *13 Reasons Why*. ■

FATORES DE RISCO

4

Não queremos perder, nem deveríamos perder: saúde, pessoas, posição, dignidade ou confiança. Mas perder e ganhar faz parte do nosso processo de humanização.

LYA LUFT

O demônio do meio-dia

SÃO NUMEROSOS E variados os fatores de risco associados ao suicídio. De acordo com *Prevenção do suicídio: manual dirigido a profissionais das equipes de saúde mental*, publicado em 2006 pelo Ministério da Saúde do Brasil (em parceria com a Organização Pan-Americana da Saúde e a Unicamp), os transtornos mentais (especialmente a depressão), abalos psicológicos (perdas recentes) e restrições impostas pela perda de saúde (doenças incapacitantes e outras) são fatores de risco importantes.

O perfil sociodemográfico do grupo mais exposto ao risco

A depressão, ou o 'mal do século', atinge mais de 350 milhões de pessoas em todo o mundo

é de homens entre 15 e 35 anos (ou acima de 75 anos), residentes em áreas urbanas, desempregados ou aposentados, isolados socialmente, solteiros ou separados, migrantes. Mas dentre todos os fatores de risco há dois que se destacam: já ter tentado se matar ao menos uma vez e ser portador de algum transtorno mental (principalmente depressão).

A Organização Mundial da Saúde estimou o risco de suicídio de acordo com diferentes gêneros de patologia de ordem mental. A taxa de letalidade seria de aproximadamente 4% entre os depressivos, 7% entre os alcoolistas, 8% entre os diagnosticados com transtorno bipolar e 5% entre os esquizofrênicos. A probabilidade desse risco de suicídio resultar em óbito depende de vários fatores, principalmente da forma como cada um de nós enfrenta o problema, o nível de informação de que dispomos (nós, nossos familiares e amigos) para lidar com ele, e as redes de assistência disponíveis.

Pela sua magnitude e consequências, a depressão merece um capítulo à parte entre as patologias de ordem mental diagnosticáveis e tratáveis que podem levar uma pessoa a se suicidar.

Segundo dados da Organização Mundial da Saúde, de outubro de 2012, a depressão, ou o 'mal do século', atinge mais de 350 milhões de pessoas em todo o mundo.[22]

Dados divulgados durante o evento *The global crisis of depres-*

22. Disponível em: http://www.who.int/mediacentre/factsheets/fs369 – Acesso em: 18 nov. 2014.

sion: the low of the 21*st* century (em tradução livre: *A crise global da depressão: a baixa do século 21*), realizado em 25/11/2014, em Londres, revelam que, na Europa, a depressão é responsável por mais de 7% de mortalidade prematura e custa aos governos europeus mais de 92 bilhões de euros por ano. Estima-se que mais de um quarto dos cidadãos em idade de trabalhar tenham sofrido algum tipo de doença mental, incluindo a depressão, com impactos importantes sobre a produtividade econômica e o bem-estar social. Os custos pessoais e sociais também se tornaram significativos, incluindo custos mais altos para os cuidados com saúde, para indivíduos e empregadores, encargos de cuidador familiar e sérias complicações para os próprios pacientes.

No Brasil, segundo levantamento feito pelo jornal *O Estado de São Paulo*,[23] em agosto de 2014, com base nos dados do sistema de mortalidade do Datasus, do Ministério da Saúde, em 16 anos o número de mortes relacionadas à depressão cresceu 705% no país, passando de 58 pessoas, em 1996, para 467 pessoas, em 2012. Nessa estatística, estão incluídos os casos de suicídio e outras mortes motivadas por problemas de saúde decorrentes de episódios depressivos.

Também conhecida como 'transtorno de humor', a depressão se manifesta de diferentes maneiras ou graus de intensidade. "Se imaginarmos uma alma de ferro que se desgasta de dor e enferruja com a depressão leve, então a depressão severa é o assustador colapso de uma estrutura inteira", resumiu o escritor e articulista anglo-americano Andrew Solomon no livro *O de-*

23. Disponível em: http://saopaulo.estadao.com.br/noticias/geral,mortes-por-depressao-crescem-705-imp-,1545121 – Acesso em: 17 nov. 2014.

Até a década de 1930 não havia tratamento para a depressão

mônio do meio-dia. Ganhei o livro de uma amiga que havia tentado o suicídio duas vezes e encontrou na obra "as páginas mais simples e entendíveis sobre o que senti por tanto tempo. Por enquanto, passou", escreveu ela.

O 'por enquanto' tem uma razão de ser. Estima-se que uma pessoa que sofreu algum episódio de depressão tenha 50% de chance de ter o segundo; em se confirmando o segundo, a chance de ter o terceiro sobe para 70%; em havendo o terceiro, há 90% de chance de ocorrer uma quarta crise.

Até a década de 1930 não havia tratamento para a depressão. Foi quando se começou a usar eletrochoques.[24] Mais tarde, descobriu-se que certos medicamentos (com múltiplas aplicabilidades terapêuticas, como o lítio) poderiam ser úteis no combate à depressão. Nasciam os antidepressivos, que se tornaram uma febre de consumo a partir da década de 1980, quando, mesmo quem não tinha diagnóstico comprovado de depressão, ingeria por conta própria esses medicamentos, na expectativa de se sentir melhor diante de qualquer adversidade.

Apesar dos excessos e contratempos (todo antidepressivo causa efeitos colaterais), pode-se dizer que a humanidade deu um passo importante na capacidade de melhor entender, diagnosticar e tratar pessoas portadoras de depressão.

O primeiro cuidado é não confundir depressão com estado

24. O tratamento, muito polêmico, terminou caindo em desuso, mas voltou a ser utilizado – já com o nome de eletroconvulsoterapia – só nos casos em que havia recomendações médicas muito precisas e mediante o uso anestesia e relaxantes musculares.

depressivo. O médico devidamente capacitado saberá distinguir os sintomas da depressão de outros problemas que podem confundir o diagnóstico, como, por exemplo, um período de luto ou tristeza, a perda de vitalidade causada por verminoses ou até mesmo a apneia do sono.

> Travar guerra contra a depressão é lutar contra si mesmo, e é importante saber disso antes das batalhas

"Um tratamento inteligente requer um exame atento de populações específicas: a depressão tem variações específicas entre crianças, idosos e cada um dos gêneros", diz Andrew Solomon em seu livro. E afirma:

> Biologia não é destino. Há maneiras de se levar uma boa vida com depressão [...]. No momento, tenho conseguido conter a incapacitação que a depressão causa, mas a depressão em si vive para sempre na escrita cifrada do meu cérebro. É parte de mim. Travar guerra contra a depressão é lutar contra si mesmo, e é importante saber disso antes das batalhas.

O desafio é fazer com que o atendimento chegue a todos, o que não acontece hoje no mundo. Segundo a OMS, apenas na América Latina, de cada dez pessoas com depressão, seis não procuram

> **A boa notícia é que em nenhum outro momento da história da humanidade a medicina esteve tão preparada para enfrentar o transtorno de humor**

ou não conseguem atendimento. É preciso também instruir familiares e amigos sobre como lidar com o depressivo, já que muitos não reconhecem a gravidade da situação, confundindo a tristeza, o desânimo, a prostração e a falta de iniciativa como questões sujeitas apenas à vontade da pessoa. Como se ela estivesse obstinadamente recolhida em seu sofrimento e a incapacidade de reagir fosse uma opção. Esse equívoco agrava tremendamente a situação e dificulta o tratamento.

Quem nunca enfrentou uma depressão não saberá jamais do que se trata. Os relatos de quem passa por essa experiência costumam ser imprecisos e invariavelmente aquém do que realmente acontece.

A boa notícia é que em nenhum outro momento da história da humanidade a medicina esteve tão preparada para enfrentar o transtorno de humor. Além da nova geração de medicamentos que regulam a transmissão dos sinais nervosos no cérebro, restaurando a função metabólica dos neurotransmissores, o atendimento psicológico funciona como importante reforço terapêutico na direção do autoconhecimento e da identificação de fatores existenciais que estejam eventualmente ligados à depressão.

Consumo nocivo de álcool e outras drogas

É AMPLAMENTE COMPROVADA a relação entre suicídios e drogas, especialmente o álcool. Segundo a OMS, "as políticas de controle do álcool são fracas e ainda não são prioridade para a maioria dos governos, apesar do impacto que o hábito causa na sociedade: acidentes de carro, violência, doenças, abandono de crianças e ausência no trabalho".[25] Estima-se que entre 15% e 25% dos suicídios no mundo estejam relacionados ao alcoolismo, doença que atinge aproximadamente 11,2% da população brasileira.

Por aqui, como se sabe, o combate ao alcoolismo ainda é frágil. É fácil flagrar a venda de bebidas para menores, motoristas alcoolizados e outras situações que indicam omissão grave de governos e da sociedade em relação a esse problema.

Alguns estudos dão conta de que 40% dos alcoolistas tentarão o suicídio pelo menos uma vez na vida. Quando a bebida aparece associada a algum transtorno de ordem mental, o risco de suicídio eleva-se exponencialmente. Mesmo aqueles que não são alcoolistas, ao ingerir uns tragos a mais, correm o risco de perder o controle e dar vazão a impulsos agressivos imprevisíveis.

Mas o universo das drogas é amplo e diversificado. Por drogas, entenda-se qualquer substância lícita ou ilícita, natural ou sintética, que uma vez introduzida no organismo altere suas funções. A capilaridade das redes que traficam drogas proibidas por lei em diferentes extratos sociais (cocaína, maconha, *crack*,

25. Disponível em: http://jornalggn.com.br/blog/luisnassif/alcoolismo-e-saude-publica – Acesso em: 18 nov. 2014.

> Quando a bebida aparece associada a algum transtorno de ordem mental, o risco de suicídio eleva-se exponencialmente

heroína, haxixe, anfetaminas etc.) e a facilidade com que se vendem nas farmácias brasileiras (talvez o país com o maior número por metro quadrado no planeta) medicamentos para dormir, tranquilizantes, antidepressivos e outros psicotrópicos que produzem alterações de comportamento, humor e cognição, causando dependência química, configuram um quadro extremamente preocupante.

A chamada 'medicamentalização da dor' alcança níveis epidêmicos, agravados pela cultura da automedicação, muito enraizada no Brasil. Busca-se a todo custo o entorpecimento dos sentidos para blindar a dor, a tristeza, a melancolia, o desânimo, a falta de sentido e a sensação de vazio. Almeja-se a solução mecânica, como se fôssemos robôs ou computadores prontos para uma reprogramação instantânea, bastando para isso eliminarmos o 'vírus' que nos atormenta a existência.

A realidade, entretanto, é bem outra. Sucessivas alterações de humor provocadas artificialmente vão minando o metabolismo, a autoestima, o discernimento e podem, eventualmente, encorajar o ato suicida.

Não se pode dizer que toda droga precipita o risco de suicídio. Mas é possível afirmar que, sob o efeito de drogas, nos tornamos mais vulneráveis a episódios de suicídio. É mais uma informação importante no debate sobre a flexibilização do uso de drogas que acontece em vários países do mundo, inclusive no Brasil.

A ameaça na idade avançada

ALGUÉM JÁ DISSE que envelhecer é uma arte e, como tal, precisa ser alvo de atenção e cuidados especiais. É um aprendizado difícil, porém rico de possibilidades de crescimento espiritual e adaptação a uma nova realidade.

Graças aos avanços da medicina e das redes de proteção na área da saúde e assistência social, a expectativa de vida tem aumentado rapidamente no mundo e o contingente de pessoas idosas cresce exponencialmente. Segundo dados da OMS, de maio de 2014, baseados em uma média global, prevê-se que a expectativa de vida de uma menina nascida em 2012 será de 73 anos e um menino, 68 anos (o que representa seis anos a mais do que a expectativa de vida de uma criança nascida em 1990).[26]

No Brasil, de acordo com dados do IBGE divulgados em 01/12/2014, a expectativa de vida do brasileiro chegou, em 2013, a 74 anos, 10 meses e 24 dias. Houve um incremento de 3 meses e 25 dias em relação a 2012. Comparado com dados desde 1980, o aumento da expectativa de vida do brasileiro foi de 12,4 anos, tendo passado de 62,5 para 74,9 anos.

26. Disponível em: http://www.who.int/mediacentre/news/releases/2014/world-health-statistics-2014/en – Acesso em: 18 nov. 2014.

Mas será que o mundo está se preparando adequadamente para vivermos mais?

O envelhecimento impõe a necessidade de saber lidar com as perdas. Do ponto de vista físico, vem a perda progressiva da saúde, da musculatura, da memória, da audição e visão, e das melhores condições de navegabilidade em um corpo que vai inspirando cada vez mais cuidados. A liberdade para comer e beber o que quiser – nas proporções que o apetite determinar – dá lugar a restrições alimentares. Acompanhar com mais atenção as taxas de glicose, colesterol e não descuidar da pressão sanguínea fazem parte do pacote, que inclui ainda a ingestão de mais ou menos remédios, de acordo com as necessidades de cada um.

No âmbito social, os efeitos do envelhecimento são múltiplos. Aposentados perdem o contato com os colegas de trabalho e nem sempre se adaptam com facilidade a uma nova rotina. Amigos (ou cônjuges) de muitos anos ou se afastam ou vão desencarnando e a experiência da solidão – muito comum nesta fase da vida – requer atenção das pessoas próximas e algum movimento no sentido contrário, evitando-se o isolamento. Quando o idoso mora com a família, nem sempre é alvo dos devidos cuidados e, não raro, sofre com o estigma de dar trabalho para os demais. Isso para não falar dos lamentáveis incidentes envolvendo maus tratos.

Numa sociedade que exalta obsessivamente um determinado padrão (jovem, belo, alegre, saudável e forte), o aparecimento de rugas e cabelos brancos pode abalar a autoestima de quem não percebe as armadilhas embutidas nesses estereótipos do mercado e, por isso, não se aceita como é.

O fenômeno já ganhou até um termo específico – o neologismo 'idadismo' (do inglês, *ageism*) – que, segundo explica a psicóloga e doutora em sociologia Gisela Castro, "é a desvalorização do velho em nossas sociedades atuais". Nesse contexto, ressalta:

> Numa sociedade que exalta obsessivamente um determinado padrão (jovem, belo, alegre, saudável e forte), o aparecimento das rugas e cabelos brancos pode abalar a autoestima

> A juventude passou a ser encarada como um valor. E cada vez mais, vista como um bem alcançável em qualquer idade, desde que se adote o estilo de vida considerado adequado e sejam mantidos certos padrões e práticas de consumo.[27]

Essas e outras situações podem explicar o fato de a população mais idosa estar exposta ao risco de suicídio. Na literatura médica, é justamente na faixa etária mais avançada – 75 anos ou mais – que se verifica, proporcionalmente, o maior número de casos.

Há muitos desafios pela frente na hora de se planejar melhor as

27. Disponível em: http://oglobo.globo.com/sociedade/conte-algo-que-nao-sei/gisela-castro-psicologa-doutora-em-sociologiavelho-jovem-pode-velho-velho-nao-14727325 – Acesso em: 05 dez. 2014.

cidades para esse segmento: promover a acessibilidade, melhorar a sinalização visual, instalar mais equipamentos de segurança para evitar quedas indesejadas etc. Também é preciso pensar na oferta de mais produtos e serviços especialmente concebidos para satisfazer as necessidades desse público (lançamentos imobiliários sob medida, pacotes de viagem, cursos voltados para a chamada terceira idade etc.). Tão importante quanto essas medidas é organizar projetos pedagógicos intergeracionais que permitam ao idoso compartilhar sua sabedoria e seus conhecimentos com os mais jovens. Por último, é fundamental não descuidar da socialização desse segmento, promovendo 'bailes da terceira idade' e outros eventos que estimulem as trocas, outras amizades e até novos relacionamentos amorosos.

Se cada fase da vida tem algo de importante para nos ensinar, é preciso descobrir o que está reservado para nós no ocaso da existência. Tentar fazer isso com algum espírito de aventura pode ser algo interessante. Aos que entendem a dimensão espiritual da existência, a passagem do tempo não vai contra nós – é um determinismo da natureza que nos prepara para algo espetacular. É programa de milhagem, acumulando pontos, até a hora do resgate.

> Se cada fase da vida tem algo de importante para nos ensinar, é preciso descobrir o que está reservado para nós no ocaso da existência

André Trigueiro

A situação dos jovens

O TEMA É complexo e quanto mais simples forem as respostas, mais distantes estaremos dos reais motivos que levam um jovem a se matar. Como tudo no universo da suicidologia, há uma multiplicidade de fatores que – isoladamente ou combinados entre si – podem determinar o autoextermínio. Destacaremos aqui o que nos chama mais a atenção a partir desses estudos.

Segundo a OMS, aproximadamente 20% das crianças e adolescentes do mundo têm alguma patologia de ordem mental. Cerca de metade dessas doenças ou distúrbios começa antes dos 14 anos. Desordens psiquiátricas estão entre as que lideram as causas de incapacitação dos jovens em nível mundial. No entanto, as regiões do planeta com o maior número de jovens abaixo de 19 anos são os que têm os sistemas de saúde com menos recursos. A maioria dos países pobres ou de renda média têm apenas um psiquiatra infantil para cada 1 ou 4 milhões de pessoas (dependendo da região).[28]

Ser jovem no mundo de hoje, definitivamente, não é fácil.

Costuma-se usar a expressão 'sensação de vazio' para designar um estado aflitivo que acomete com frequência os mais jovens. Descontada a perturbação metabólica e psicológica inerente ao processo de crescimento, há que se prestar mais atenção ao palco em que esse desabrochar existencial acontece.

São muitas situações estressantes: falta de habilidade para lidar com os problemas, dificuldades de autoafirmação, impulsividade, drogas... Acrescentem-se a essa lista a falta de esperança num

28. Disponível em: http://www.who.int/features/factfiles/mental_health/mental_health_facts/en – Acesso em: 18 nov. 2014.

mundo castigado por uma crise ambiental sem precedentes, a preocupação em conseguir um emprego, em um contexto onde o mercado de trabalho está sendo sacudido por novas tecnologias e modelos de negócio, a experiência de viver em um tempo onde o modelo de família tradicional (pai, mãe, filhos) está dando lugar a outros bem diferenciados e inovadores.

Dentre todas as situações estressantes ou profundamente desafiadoras na vida dos jovens, uma das mais instigantes é o fenômeno da virtualização das relações interpessoais. Já reparou como a garotada vive curvada, olhando o tempo todo para seus celulares e *tablets*, digitando freneticamente mensagens que parecem as mais importantes e urgentes do mundo? É verdade que muitos adultos – não só por exigências profissionais, mas por lazer –, também já aderiram, compulsivamente e sem nenhum tipo de reflexão, a esse novo gênero de comunicação virtual, mas os jovens, mais habilidosos e criativos, parecem ter transformado a 'onda digital' num verdadeiro tsunami existencial. Em boa parte dos casos, já não é possível explicar o que é ser jovem hoje em dia sem incluir esses acessórios.

Esse novo contexto tem inspirado pesquisas numa área da ciência que ainda não teve tempo para chegar a conclusões definitivas. Se, por um lado, as novas tecnologias abrem um enorme espectro de possibilidades e oportunidades, por outro, propiciam situações delicadas, que, em casos extremos, podem precipitar tragédias, principalmente entre a nova geração dos chamados "nativos digitais".

A exposição involuntária da intimidade na internet (imagens com corpos nus ou ainda de flagrantes de relacionamentos íntimos) já provocou vários casos de suicídio, principalmente entre jovens que confiaram nas pessoas erradas e se sentiram humilhados em público. A proliferação da chamada 'vingança pornô' – ainda que nem todos os casos tenham consequências tão trágicas como o suicídio – levou a entrar em vigor no Brasil, em 2013, um instrumento legal específico para punir esse crime, conhecido popularmente como Lei Carolina Dieckmann (atriz que teve seu celular *hackeado* e fotos íntimas suas expostas na internet).

> Segundo a OMS, aproximadamente 20% das crianças e adolescentes do mundo têm alguma patologia de ordem mental

Nos Estados Unidos, o criador de um dos principais *sites* de vingança pornô, Kevin Bollaert, foi condenado em março de 2015 a 18 anos de prisão. Ao todo foram 6 acusações de extorsão e 21 de roubo de identidades.

Outra armadilha comum entre os jovens é confundir os 'amigos virtuais' com os amigos do mundo real. Não se mede a quantidade de pessoas que lhe querem bem pelo número de seguidores virtuais que você possui. Para cultivar amizades é preciso dispensar tempo e energia nessa relação direta – sem atravessadores – para que a cumplicidade tenha a chance de aparecer no bojo de situações positivas e negativas que testam essa relação. Sem amigos reais e relações pessoais e familiares significativas, muitas vezes a tendência do jovem é se isolar e se refugiar no seu mundo virtual, dos *games* ou das redes sociais. Mas a solidão decorrente desse tipo de situação pode ter, em alguns casos, consequências trágicas.

Além dessas questões, enfrentamos hoje uma situação inédita: a indução ao suicídio, à distância e em tempo real, propiciada pelas novas ferramentas de comunicação. Estamos falando aqui dos *sites* especializados em defender o suicídio e ensinar diferentes meios para se alcançar esse objetivo. Vários casos no Brasil e no mundo – e muitos deles vitimando jovens – estão associados a esse intercâmbio de informações mórbidas que encontram ressonância no coração de quem está aflito, desesperado, sem esperança.

Um dos mais respeitados suicidologistas do mundo, o já citado psiquiatra brasileiro José Manoel Bertolote, criticou certa vez em uma entrevista a forma como esses *sites* estimulam o suicídio:

> São inúmeros *sites* na internet que ensinam, de forma muito didática, as pessoas a cometerem suicídio. Estes endereços eletrônicos disseminam comportamentos perigosos e precisam ser combatidos. Há uma glorificação atual da morte. São músicas, clipes, filmes que apresentam o suicídio de uma forma artística, glorificada. Assim como num passado recente existiu o culto às doenças mentais, disseminados por filmes do Woody Allen, por exemplo. Virou 'cult' ter uma doença psíquica. Hoje, usando mecanismos muito parecidos, vejo que há uma cultura que ostenta a morte provocada como algo 'in', que está na moda. É algo nefasto porque as pessoas acabam embarcando nisso.[29]

29. Disponível em: http://saude.ig.com.br/minha-saude/2013-05-06/ha-uma-nefasta-glorificacao-do-suicidio.html – Acesso em: 18 nov. 2014.

Combater a existência desses *sites* vai ao encontro do que preconiza a legislação de muitos países – inclusive o Brasil – que entendem como crime o "induzimento do suicídio". É o que aparece no artigo 122 do Código Penal Brasileiro:

> Art.122. Induzir ou instigar alguém a suicidar-se ou prestar-lhe auxílio para que o faça.
> Pena – reclusão de dois a seis anos, se o suicídio se consuma; ou reclusão de um a três anos, se da tentativa de suicídio resulta lesão corporal de natureza grave.
> Parágrafo único. A pena é duplicada:
> I – Se o crime é praticado por motivo egoístico;
> II – Se a vítima é menor ou tem diminuída, por qualquer causa, a capacidade de resistência.

Por último, cabe uma reflexão que extrapola a questão específica do suicídio e diz respeito a um contexto social que, aqui como na maioria dos países, raramente favorece uma postura mais afirmativa e positiva dos jovens em relação à vida em geral.

Escolas desinteressantes que ainda priorizam de forma burocrática a memorização e a repetição dos conteúdos pedagógicos, em lugar do fomento à criatividade e inovação (associadas eventualmente a atividades lúdicas), ocupam parcela considerável do tempo dos jovens, além de demandarem o emprego de preciosas energias no auge da vitalidade.

Se o saber e o conhecimento determinam tanto desprazer,

onde buscar satisfação? Para os jovens, o leque de opções é amplo. Vai da busca desenfreada por qualquer coisa que dê prazer imediato – de saudáveis atividades ao uso de drogas lícitas e ilícitas – passando pela simples entrega ao ócio ou pela permanência horas a fio conectados na internet. Afinal, na era das redes sociais colecionar amigos virtuais e disputar 'curtidas' e 'seguidores' tornaram-se a marca de um tempo. Para aumentar ou manter aquecida a 'rede de amigos' compartilham-se incessantemente mensagens, fotos e imagens que vão substituindo progressivamente outras possibilidades de interação com o grupo no mundo real (conversas presenciais, brincadeiras, jogos, programas feitos com os amigos etc.).

A soma das horas (e é cada vez mais fácil encontrar quem passe a maior parte do dia assim) com todas as atenções voltadas para as telinhas mágicas repletas de aplicativos e com resoluções cada vez mais espetaculares poderá prejudicar, de alguma forma, o crescimento saudável – do ponto de vista físico e emocional – dessa pessoa? Quantas novas gerações de pessoas solitárias poderão estar sendo formadas? Quais as implicações desses novos hábitos e comportamentos nos adultos de amanhã? Como esse isolamento afetará o desenvolvimento das indispensáveis habilidades sociais?

Fica, então, a questão: em que medida esse contexto agrava angústias existenciais e, em alguns casos extremos, leva jovens e adolescentes a um ato tão desesperado como o autoextermínio?

A "BALEIA AZUL"

Abrimos aqui espaço para as excelentes recomendações do SaferNet Brasil[30] – entidade que se tornou referência no enfrentamento aos crimes e violações aos direitos humanos na internet – sobre o "jogo" do suicídio (mais conhecido como "Baleia Azul") que assustou milhares de famílias brasileiras no primeiro semestre de 2017.

Fizemos, a seguir, uma breve edição no texto, publicado na página dessa associação no Facebook, em 19/04/2017, já que parte das recomendações aparece citada no presente livro.

Jogo do suicídio: nossas recomendações para a imprensa e alerta aos pais

A SaferNet Brasil vem acompanhando com grande preocupação as notícias sobre o suposto "game" que incentiva automutilação, suicídio e outras situações de risco entre adolescentes na internet. Nos últimos dias, relatos sobre a proliferação de grupos no WhatsApp e nas redes sociais tiveram grande repercussão com a cobertura da imprensa e têm causado pânico e alarde entre pais e a comunidade em geral.

Ao contrário do que muitos creem, esse "jogo" não é um fenômeno novo e desconhecido. A Safernet da Bulgária, por exemplo, apontou como origem dos rumores uma matéria falsa (*fake news*) publicada na Rússia em 15 de março de 2016, e que afirmava que 130 adolescentes russos já haviam se matado depois de participar do suposto "jogo" através de uma rede social russa.

30. A SaferNet Brasil oferece um serviço gratuito de escuta, acolhimento e orientação especializada destinado a crianças, adolescentes, pais e responsáveis que estejam vivenciando alguma situação de risco ou violência online. Uma equipe de psicólogos está disponível das 14h às 18h, através de chat ou por e-mail, no site www.canaldeajuda.org.br – Acesso em: 30 ago. 2017.

continua...

continuação

No Brasil a repercussão dessa notícia falsa, em tom alarmista, pelo telejornal de uma grande emissora na TV aberta, fez com que aumentassem as buscas no Google pelo suposto jogo em mais de 1.000%. Em um erro de abordagem, a matéria mostrou com detalhes e de forma "didática" como se engajar nessas comunidades e quais eram os "desafios" para chegar até o fim do "game".

Com o poder de disseminação e rápido alcance da informação ou a falta dela, precisamos agir com cautela e responsabilidade para não provocar uma onda de pânico como à que estamos assistindo nos últimos dias no Brasil.

Conteúdos e fóruns *online*, e grupos em aplicativos de troca de mensagens que incentivam formas de automutilação e suicídio existem, sim, na internet e sempre foram reportados por muitos usuários. Em pesquisa do Comitê Gestor da Internet no Brasil, 11% de crianças e adolescentes relataram terem tido acesso às páginas que ensinavam formas de se machucar e 6% de cometer suicídio. Isso representa mais de 2,5 milhões de crianças e adolescentes no Brasil.

Esses dados preocupam, e por isso fazemos um apelo para que os veículos de imprensa e influenciadores digitais engajados neste debate público levem em consideração as recomendações da OMS para a prevenção do suicídio.

Sobre o fenômeno "Baleia Azul", é importante esclarecer:

• "Game" ou "jogo" não é o nome mais apropriado para nomear o fenômeno; não se trata de um aplicativo, programa de computador, serviço ou plataforma *online* que possa ser acessada. As evidências coletadas no Brasil indicam a existência de grupos em aplicativos de troca de mensagens e comunidades e fóruns em redes sociais, que se intitulam como nome de jogo ou game, e que foram criadas a partir da repercussão, no Brasil, da notícia falsa e alarmista originada na Rússia.

• O nome do "jogo" já viralizou na internet e não faltam *hashtags* e *fan pages*. Entre os grupos, deve-se separar aqueles com indivíduos que estão efetivamente cometendo o crime de induzir, instigar ou auxiliar o suicídio de alguém, tipificado no Art. 122 do Código Penal, daqueles que foram criados como consequência da onda de alarde e para "causar" ou fazer "trollagem".

• Se você faz parte de algum veículo de notícias ou é um influenciador digital, saiba que sua abordagem e as informações que você veicula interferem na proporção e propagação desse fenômeno no Brasil. Veicular detalhes, nomes, exemplos e outros recursos para atrair a atenção e estimular a curiosidade, ainda que mórbida, só contribui para o surgimento de mais páginas e conteúdos oportunistas sobre o assunto.

• É precipitado estabelecer um nexo causal entre a existência de um "jogo" e a ocorrência de casos concretos de suicídio. Ainda que haja relatos de casos concretos de suicídio relacionados a alguma atividade de grupos e comunidades *online*, o suicídio é um fenômeno complexo, multifatorial e de difícil simplificação, e deve ser encarado como uma questão de saúde pública, e não apenas de segurança pública.

continua...

continuação

- A família, a escola, o poder público e a sociedade em geral devem dar atenção aos grupos mais vulneráveis da população, sobretudo adolescentes com histórico de depressão, tentativas de suicídio e outros sofrimentos psicológicos graves; não devemos, jamais, minimizar ou subestimar o que eles falam. Por isso, diante de sinais de angústia e sofrimento, vale uma conversa com um profissional, que saberá indicar o tratamento adequado.
- Proibir o acesso a internet pelos filhos, confiscar celular e monitorar o uso de aplicativos através de programas "espiões" são medidas pouco educativas e fadadas ao fracasso. Elas não

Os povos indígenas e a falta de 'pertencimento'

EM MUITOS PAÍSES, é tragicamente comum que suas populações indígenas ostentem indicadores elevadíssimos de suicídio.

Uma situação muito frequente é a do jovem indígena aculturado que se interessa pela vida fora de sua comunidade e parte em busca de realizações longe dali, normalmente nas cidades. Em dado momento, ele já não é mais reconhecido como 'índio' pelos mais velhos da tribo, tampouco é 'assimilado' por aqueles que o discriminam nas cidades, para os quais ele será sempre

> previnem os riscos e comprometem o vínculo de confiança que deve existir entre pais e filhos. A tentativa de eliminar qualquer exposição a riscos em espaços públicos como a internet é praticamente impossível, e os pais e a escola precisam conversar de forma franca e aberta sobre como os adolescentes podem lidar e responder a esses riscos. É parte do desenvolvimento saudável – e preparação para a vida adulta – que o adolescente desenvolva habilidades para lidar com os riscos à sua volta. Isso se chama resiliência, que só pode ser desenvolvida enfrentando riscos num ambiente onde ele possa pedir ajuda e com espaço para falar sem pré-julgamentos e reprimendas. ∎

alguém estranho àquela comunidade. A 'sensação de pertencimento' se fragmenta e o custo emocional disso é alto. Esta tem sido a triste história de jovens índios navajos, nos Estados Unidos, aimarás na Bolívia ou mapuches, no Chile.

No Brasil, confirmando o panorama apresentado no *Mapa da violência 2014 – os jovens do Brasil*, o Conselho Indigenista Missionário (Cimi) divulgou em 2013 um relatório indicando que, dentre todas as etnias indígenas brasileiras, a que estaria mais suscetível ao risco de suicídio era a dos guarani-kaiowás, no Mato Grosso do Sul.[31]

São aproximadamente 50 mil índios envolvidos em uma violenta disputa pela terra com os fazendeiros da região. Sem pers-

31. Disponível em: http://memoria.ebc.com.br/agenciabrasil/noticia/2013-06-27/numero-de-suicidios-e-maior-entre-os-guaranis-kaiowas – Acesso em: 13 dez. 2014.

pectivas, sem oportunidades, sentindo-se desassistidos e desamparados pelo Estado, os índios sucumbem. "O suicídio está causando um genocídio silencioso", denunciava o documento do Cimi, reportando 52 óbitos por suicídio nesta comunidade – segundo dados do Ministério da Saúde – apenas no ano de 2012.

Ainda de acordo com os registros oficiais do governo, entre 2000 e 2012, 555 indígenas dessa etnia cometeram suicídio, sendo a maior parte dos casos por enforcamento (98%) e cometidos por homens (70%), a maioria deles na faixa dos 15 aos 29 anos. Isso dá uma média de um novo caso de suicídio a cada seis dias. Para efeito de comparação, tomando por base o ano de 2007, enquanto o índice de suicídio no Brasil era de 4,7 pessoas para cada 100 mil habitantes, o dos guaranis-kaiowás era de 65 indígenas para cada 100 mil.[32]

A Organização Mundial da Saúde reconhece a maior vulnerabilidade das comunidades indígenas (não apenas no Brasil, mas em boa parte do mundo onde elas ainda existem, ou resistem) e indica como modelo de prevenção de suicídio as experiências realizadas em países como Austrália, Nova Zelândia, Canadá e Estados Unidos. Entre as medidas bem-sucedidas estão a capacitação de 'guardiões' – gente treinada para identificar dentro da comunidade quem es-

32. Disponível em: http://www.bbc.co.uk/portuguese/noticias/2012/10/121024_indigenas_carta_coletiva_jc.shtml – Acesso em: 13 dez. 2014.

> Sem perspectivas, sem oportunidades, sentindo-se desassistidos e desamparados pelo Estado, os índios sucumbem

taria em situação de risco e, portanto, demandando atenção e cuidado especial – e "intervenções educativas culturalmente adaptadas", sem violentar as tradições, as crenças, hábitos e comportamentos dos chamados povos originais.

A história oficial do Brasil – invariavelmente contada a partir da visão dos 'descobridores', ou seja, dos colonizadores portugueses – pouca importância dá ao tenebroso massacre das comunidades indígenas, que se desdobra em longos e angustiantes capítulos há mais de cinco séculos. As taxas elevadas de suicídio em algumas etnias são, portanto, resultado de um processo histórico que vem de longe e evidenciam a falência do diálogo, o despreparo dos Poderes instituídos e a falta de políticas públicas efetivamente comprometidas com a qualidade de vida dos povos originais do Brasil.

Militares e policiais: o risco de ter armas por perto

Quem usa arma de fogo – ou tem licença para guardar armamentos – está mais exposto ao risco de cometer suicídio em eventuais momentos de desequilíbrio ou acidente emocional. Dados da própria OMS confirmam a incidência preocupante de óbitos por suicídio entre forças militares e policiais, exatamente pela facilidade de acesso a armas de fogo.

Pesquisas recentes realizadas nos Estados Unidos revelaram que há mais militares mortos por suicídio naquele país do que em operações de combate. É o que acontece, por exemplo, em relação ao número de vítimas fatais entre militares que serviram no Afeganistão. Transtorno de estresse pós-traumático, depressão e uso de drogas são as causas mais frequentes.[33]

33. Disponível em: http://g1.globo.com/mundo/noticia/2013/06/eua-buscam-saidas-para-frear-suicidios-de-ex-soldados.html – Acesso em: 18 nov. 2014.

Pressionado pelas entidades que representam os interesses dos militares, o governo dos Estados Unidos reforçou as equipes de saúde mental e as redes de atendimentos e assistência. Foi criada a linha telefônica gratuita *Veterans Crisis Line*, de alcance nacional, para oferecer ajuda aos militares e suas famílias.

A Organização Mundial de Saúde reconhece que as estatísticas de suicídio também são elevadas entre algumas forças policiais. Mas destaca que, em alguns países, essa situação pôde ser revertida. É o caso de Montreal, no Canadá, onde foi possível reduzir o índice de autoextermínio com a adoção de medidas relativamente simples. Lá, todos os oficiais receberam instrução para identificar comportamentos de risco e como agir nesses casos. Supervisores e lideranças sindicais da categoria também foram treinados, em um curso rápido de um dia de duração, com o mesmo objetivo. Uma linha telefônica exclusiva para ajudar os policiais que se sintam vulneráveis completou os esforços, que resultaram em uma redução de 79% nos índices de suicídio na corporação.

Linha telefônica exclusiva para policiais reduziu em 79% o índice de suicídio na corporação

Não é fator de risco, mas...

O CONSUMO FAVORECE a vida e ninguém deve estigmatizar o direito de termos conforto e qualidade de vida a partir da aquisição de bens materiais. O problema é o hiperconsumo, a exaltação do excesso, a banalização do desperdício e do uso perdulário dos recursos. Quando perdemos a noção do que realmente é necessário, do que verdadeiramente faz a diferença para sermos felizes, elevamos tremendamente o coeficiente de alienação em nossas existências, e isso pode nos causar muita angústia.

Quantos de nós transferimos para objetos descartáveis e perecíveis a 'condição' para sermos felizes, e nos deslumbramos com a possibilidade de renovar os estoques de 'prazer' a cada nova compra ou aquisição? Consumimos por diversão, e vamos acumulando o que nem sempre deveria ser chamado de útil ou necessário.

Quando isso acontece, não costumamos perceber a armadilha em que estamos aprisionados. O que parece ser fonte de prazer se revela uma condenação: jamais estaremos totalmente satisfeitos. Se nada do que eu compro tem o poder de apaziguar o meu ímpeto consumista, não há saciedade. Onde não há saciedade, não há paz. Em resumo: não há paz na sociedade de consumo.

Quem se condiciona a viver com muito, perde a noção do que realmente necessita para ser feliz e pode se machucar. Muitos dos que se locupletam de bens materiais reagem com perplexidade ao fato de, ainda assim, se sentirem infelizes. O que parecia ser um porto seguro revela-se insuficiente para atender

A VIOLÊNCIA IMPOSTA PELO 'MACHO'

Se a vida não é uma ciência exata, a morte por suicídio também não é.

Nem todos nós reagimos por igual às mesmas pressões do dia a dia. Falar em grupos de risco – ou situações de risco – envolvendo suicídio é algo que requer cuidado e discernimento.

Além dos casos acima citados, onde comprovadamente existe uma interface mais nítida entre um determinado contexto e a decisão de um indivíduo se matar, há uma série de outras situações onde esse vínculo é menos intenso ou óbvio, mas nem por isso merecem menos atenção quando o assunto é prevenção do suicídio.

Quem é alvo de preconceito, por exemplo, tende a sofrer bastante e pode se fragilizar emocionalmente. Vejamos a situação dos homossexuais: ser perseguido ou patrulhado pela orientação sexual pode, dependendo das circunstâncias, inserir quem viva essa experiência em uma situação de risco.

No Brasil, ser homossexual requer, na maioria absoluta dos casos, muita coragem para enfrentar uma cultura machista presente em casa, na escola, no trabalho, na rua e mesmo entre os amigos. Dados do *2º Relatório sobre Violência Homofóbica no Brasil 2012*[34] indicam que o número de denúncias cresceu

34. Secretaria de Direitos Humanos da Presidência da República. 2º Relatório sobre Violência Homofóbica no Brasil, 2012.

166% em relação ao ano anterior, saltando de 1.159 para 3.084 registros. Violência psicológica, discriminação e violência física são os relatos mais comuns encaminhados a um serviço ainda pouco conhecido no país através do Disque 100, da Secretaria de Direitos Humanos, do Disque 180, da Secretaria de Políticas para as Mulheres (SPM) e da Ouvidoria do Sistema Único de Saúde.

Em resposta às agressões e ao preconceito, os homossexuais aprenderam a se articular politicamente exigindo seus direitos, cobrando a elevação das penas impostas aos agressores (ou equipará-las aos que cometem crime de racismo) e organizando manifestações nas principais cidades brasileiras, com o objetivo de dar publicidade ao direito que têm de ser o que são. Isso lhes confere identidade, sensação de pertencimento e o legítimo espaço que podem e devem ocupar na sociedade.

O mesmo machismo (legado perverso da milenar e já decadente cultura do patriarcalismo) que persegue os homossexuais também torna a vida de muitas mulheres uma experiência extremamente difícil. Um levantamento do Instituto de Pesquisa Econômica Aplicada (Ipea),[35] divulgado em 2013, informa que a cada ano ocorrem, em média, 5.664 mortes de mulheres por causas violentas, 472 a cada mês, 15 por dia, ou um novo assassinato a cada hora e meia.

Segundo o mesmo Instituto, nem a Lei Maria da Penha, que entrou em vigor em 2006 com o objetivo de combater a violência contra a mulher, conseguiu reduzir significativamente

35. Instituto de Pesquisa Econômica Aplicada (Ipea), divulgado em 2013. Disponível em: http://www.ipea.gov.br/portal/index.php?option=com_content&id=19873 – Acesso em: 18 nov. 2014.

continua...

continuação

o número de assassinatos. As taxas de mortalidade foram de 5,28 por 100 mil mulheres no período entre 2001 e 2006 (antes da lei) e de 5,22 entre 2007 e 2011 (depois da lei).

Desamparadas, desprotegidas, sem muitas vezes conseguir se desvencilhar facilmente do agressor por ser este, em boa parte dos casos, seu próprio companheiro (eventualmente pai de seus filhos), mulheres vítimas de violência podem vir a engrossar as estatísticas de suicídio, como é comum acontecer em alguns países asiáticos.

Ainda assim, cabe lembrar que no Brasil, apesar dos indicadores de violência contra a mulher serem preocupantes, mobilizou-se nas últimas décadas um gigantesco aparato institucional para corrigir abusos da legislação – que, num passado não muito distante, livrava da cadeia homens que alegavam matar 'em defesa da honra' –, para criar mais delegacias da mulher, aumentar a rede de proteção com serviços gratuitos de denúncia e apoio jurídico. Como se trata de uma mudança de cultura, é possível que os resultados (expressos através de estatísticas) apareçam mais lentamente.

Em pleno século 21, ser mulher em várias partes do mundo – inclusive no Brasil – requer muita coragem e destreza para lidar com diferentes gêneros de violência sem perder a autoestima, a dignidade e o direito legítimo de escolher o que lhe convém. ∎

aos anseios da alma. Pode-se chamar a isso de desnutrição espiritual, algo que pode ter consequências bastante dolorosas.

A avalanche de apelos publicitários – que alcança até mesmo o segmento infantil, o mais vulnerável aos recursos empregados pela publicidade – satura o ambiente dessa sanha consumista que mediocriza o sentido da vida, restringe nossos horizontes existenciais a metas vinculadas basicamente a esse acúmulo de bens e apequena nossa passagem pelo mundo.

Registre-se o gigantesco sentimento de exclusão – que gera sofrimento – de quem acessa essa mesma avalanche de apelos publicitários sem poder aquisitivo para realizar esses 'sonhos de consumo'. São numerosos os casos de jovens que engrossam as fileiras do crime motivados, principalmente, pelo desejo de possuir uma roupa de grife, um tênis da moda, ou qualquer objeto que marque sua projeção social na comunidade onde vive. Quando a opção é outra, e o jovem busca meios dignos de subsistência, ainda assim não está livre dessa atmosfera opressora e asfixiante que exalta não só a abundância, mas a ostentação.

Este mundo que enaltece o 'consumo pelo consumo' universaliza modas e tendências. As individualidades são atropeladas por padrões culturais, estéticos, gastronômicos, musicais e outros que tentam homogeneizar

> A cultura do hiperconsumo, além de agravar a destruição ambiental, nos exaure física e emocionalmente

visões de mundo, expectativas, sonhos. Quem não se identifica com a 'moldura', que arque com as consequências. Evidentemente são muitos os descontentes. Alguns, em particular, sofrem mais. Dependendo das circunstâncias, esse sofrimento causado pelo estranhamento do mundo e de seus valores prevalentes pode se agravar até chegar ao ponto extremo de abrir caminho para ideias suicidas.

O sociólogo polonês Zygmunt Bauman chama de 'modernidade líquida' esse tempo em que tudo muda vertiginosamente, em que nada – inclusive as relações pessoais – é feito para durar, e onde o lugar das pessoas na sociedade é determinado pelo seu poder de consumo. "A solidariedade humana é a primeira baixa causada pelo triunfo do mercado consumidor", sentencia.[36]

36. BAUMAN, Zygmunt. *Amor líquido*. Rio de Janeiro: Jorge Zahar, 2004, p. 96.

Na sociedade de consumo, somos sempre instigados a possuir algo novo – travestido de importante ou fundamental – que se revela em pouco tempo tão fugaz ou volátil quanto uma bolha de sabão.

A cultura do hiperconsumo, além de agravar a destruição ambiental, nos exaure física e emocionalmente numa correria insana em busca desse 'novo' que rapidamente envelhece, sem que isso resulte em uma verdadeira satisfação íntima, serenidade e paz. "Não é sinal de saúde estar bem adaptado a uma sociedade doente", disse certa vez o escritor e filósofo indiano Jiddu Krishnamurti (1895-1986). Para muitos de nós, a adaptação a um ambiente eventualmente hostil – que afronta nossas consciências e valores – é uma questão de sobrevivência. Para outros, o peso da existência nesses termos pode se tornar algo difícil de suportar. Especialmente onde não houver informação e ajuda.

PREVENÇÃO NA PRÁTICA

5

*Morrer é uma coisa que se deve
deixar sempre para depois.*

MILLÔR FERNANDES

Ações concretas em favor da vida

A PREVENÇÃO DO suicídio – enquanto movimento articulado e realizado de forma sistemática – tem origem em Londres, no ano de 1906, graças ao trabalho desenvolvido de forma pioneira pelo Exército da Salvação. No mesmo ano, em Nova Iorque, foi criada a Liga Nacional "Salve uma Vida".

No livro *O suicídio e sua prevenção*, o psiquiatra José Manoel Bertolote observa que esses primeiros movimentos eram inspirados "por princípios religiosos, humanitários e filantrópicos, não sanitários e tampouco científicos. Ao mesmo tempo, eram ações de grupos da sociedade, não de órgãos governamentais".

Com o passar dos anos, tornou-se importante avaliar a eficácia dos métodos empregados por essas organizações e, confirmando-se os resultados positivos na direção da prevenção, disponibilizar recursos governamentais para multiplicar os benefícios.

O ponto de partida para o maior comprometimento dos governos com a prevenção do suicídio se deu no ano de 1996, com a publicação pela ONU do documento *Prevenção do suicídio: diretrizes para a formulação e a implementação de estratégias nacionais*.[37] Era o reconhecimento das Nações Unidas de que era preciso fazer mais e melhor, juntando forças e compartilhando experiências, padronizando dados e divulgando estatísticas, para que cada país pudesse estruturar de forma eficiente um amplo planejamento para esse fim.

No mesmo ano, a Organização Mundial da Saúde lançou seu programa de prevenção do suicídio, o já citado Supre (do inglês *Suicide Prevention Program*), que até hoje norteia as ações em nível internacional para o enfrentamento do problema do suicídio.

Nos lugares onde a prevenção do suicídio é levada a sério, os resultados aparecem. Segundo a Organização Mundial da Saúde, é um esforço que requer "uma visão, um plano e um conjunto de estratégias" envolvendo os mais diversos setores da sociedade, públicos e privados.

São várias as ações importantes destacadas pela OMS, dentre as quais a restrição aos meios empregados para consumar o ato suicida. Por exemplo, dependendo da região do planeta, faz toda a diferença dificultar a aquisição de pesticidas (estabelecendo regras mais rígidas) e de armas de fogo (restringindo licenças para

---

37. ONU. *Prevenção do suicídio: diretrizes para a formulação e a implementação de estratégias nacionais*, 1996.

porte ou uso), limitar o acesso a pontes ou edifícios visados por pessoas que desejam se matar (reforçando a proteção no parapeito ou instalando redes, como começou a fazer em 2013 a Universidade do Estado do Rio de Janeiro – UERJ) ou mudar a regulamentação para a venda de certos medicamentos (com rotulagem severa e exigência de recomendação médica por escrito).

O perigo dos agrotóxicos

Nos países onde a agricultura é uma atividade econômica importante, os suicídios causados por ingestão de pesticidas são mais frequentes nas zonas rurais. É o que acontece em várias nações da África, América Central, Sudeste da Ásia e Pacífico Ocidental. Embora o Brasil não apareça em lugar de destaque na relação de países onde este método é empregado com frequência, sabe-se que parte dos óbitos por suicídio em alguns municípios da região Sul se dá por este meio.

Nessas regiões do planeta, a OMS recomenda enfaticamente a adoção de medidas, tais como: o cumprimento das convenções internacionais que regulam a comercialização e o uso de produtos químicos, a retirada dos pesticidas considerados mais 'problemáticos' do mercado (por sua elevada toxicidade e risco para a saúde), maior controle e fiscalização das autoridades competentes, e a possibilidade de oferecer socorro imediato – e da forma apropriada – aos que ingerem pesticidas ou sofrem os efeitos nefastos do veneno, a partir do contato com a pele, mucosa e/ou vias respiratórias.

Infelizmente, o Brasil é um dos mercados mais vulneráveis do mundo à comercialização de pesticidas de elevada toxicidade sem a devida fiscalização. Apesar de sucessivos alertas dos profissionais de saúde, os riscos para o trabalhador do campo são reais e mensuráveis.

No que diz respeito especificamente ao suicídio, a ameaça vem tanto da relação, apontada em vários estudos, entre a contaminação e os danos ao sistema nervoso (levando a pessoa a se deprimir e, em casos extremos, se matar), quanto do risco de ingestão voluntária do veneno pela facilidade de acesso.

Daí por que merece visibilidade o relevante trabalho em rede promovido por alguns órgãos de saúde locais, especialmente no Rio Grande do Sul, para o enfrentamento do suicídio. É o caso dos municípios de Candelária, Santa Cruz do Sul, São Lourenço do Sul e Venâncio Ayres – todos com elevados índices de suicídio – que contaram com a ajuda de voluntários do Centro de Valorização da Vida (CVV), do Centro de Informação Toxicológica da Secretaria Estadual de Saúde, RS, da Empresa de Assistência Técnica e Extensão Rural (Emater); da Secretaria de Segurança Pública do Estado do Rio Grande do Sul e da Universidade de Santa Cruz do Sul (Unisc) para aprimorar a coleta de dados sobre suicídios na região, identificar os grupos de risco, divulgar informações sobre prevenção e encaminhar para os Centros de Atenção Psicossocial (CAPS) quem tenha tentado se matar ou esteja com sinais de depressão ou qualquer outra patologia de ordem mental.[38]

---

38. Disponível em: http://prevsuicidiors.wordpress.com – Acesso em: 13 dez. 2014.

Restrição a armas, gases e a remédios

COMO JÁ MENCIONADO aqui, quanto mais fácil o acesso a armas de fogo, maior o risco de suicídio. Em países como os Estados Unidos – onde é possível comprar armas sem burocracia ou pré-requisitos severos em relação ao usuário – a incidência de suicídios é alta justamente nas famílias que possuem armas.

Segundo a OMS, foi possível constatar a redução das taxas de suicídio nos países que aplicaram leis mais restritivas ao uso de armas como Austrália, Nova Zelândia, Noruega, Reino Unido e Canadá. A investigação prévia de antecedentes criminais ou psiquiátricos, novas regras para a obtenção de licença e registro, novos requisitos para o armazenamento seguro e a definição de uma idade mínima para o proprietário de armas de fogo são alguns itens importantes de uma legislação mais restritiva que impacta positivamente as estatísticas de suicídio.

A inalação de gases tóxicos é outro método empregado com maior frequência por suicidas em certas regiões do mundo. Na Inglaterra, por exemplo, foi possível reduzir as estatísticas de autoextermínio mudando-se a composição do gás de cozinha. Já em Hong Kong – Região Administrativa da

> Foi possível constatar a redução das taxas de suicídio nos países que aplicaram leis mais restritivas ao uso de armas

China – bastou as autoridades de saúde perceberem um elevado número de casos de suicídio por inalação da fumaça causada pela queima de carvão vegetal para que o produto fosse retirado das estantes e prateleiras de fácil acesso em muitos mercados. Lá, os principais pontos de venda de carvão vegetal passaram a disponibilizar o produto em 'áreas controladas', dificultando o consumo. Parece pouco, mas faz diferença.

Vejam como a restrição dos meios – com a consequente redução do número de casos de suicídio – revela um comportamento curioso: entre os que desejam se matar, parece ser numeroso o contingente que não deseja fazê-lo de qualquer maneira, empregando qualquer método. Ao se restringir o meio considerado o mais adequado, a empreitada torna-se mais difícil ou mesmo impossível.

Outro caso bem sucedido de redução do número de casos de suicídio a partir de políticas restritivas aos meios empregados também vem da Europa. Na maioria dos países do Velho Continente a intoxicação por medicamentos vem a ser o "segundo ou terceiro método mais frequente de suicídio ou de tentativas", segundo a OMS. Por lá, a restrição de acesso tem se mostrado uma medida 'eficaz'. Os profissionais de saúde também são orientados a prescreverem medicamentos para seus pacientes enfatizando quais são as dosagens certas e a necessidade de descartar devidamente o que vier a sobrar (medida que tanto desestimula um possível uso posterior, já sem acompanhamento médico, quanto atenua o impacto ambiental do descarte inapropriado).

Vale a pena destacar, também, o caso da famosa Golden Gate,

em São Francisco, na Califórnia. O cartão postal da cidade é o segundo lugar do mundo com o maior número de suicídios – só perde para a ponte de Nanquim, sobre o rio Yangtzé, na China. Para reduzir o número de casos (desde 1937, foram aproximadamente 1.600 suicídios consumados no local, 46 óbitos apenas em 2013), o Distrito de Estradas e Transportes da Ponte aprovou em junho de 2014 a instalação de uma rede por debaixo da ponte para desencorajar novos saltos, ou pelo menos reduzir o risco de morte, impedindo o contato com a água. Orçada em US$ 76 milhões, parte da obra (US$ 7 milhões) foi financiada pelo Fundo para a Lei de Serviços de Saúde Mental da Califórnia.[39]

39. Disponível em: http://g1.globo.com/mundo/noticia/2014/06/ponte-golden-gate-tera-rede-de-protecao-para-evitar-suicidios.html – Acesso em: 18 nov. 2014.

O caso do Japão

Dentre todos os países que resolveram instituir políticas públicas de prevenção do suicídio, um dos exemplos mais interessantes é o Japão. No final da década de 1990, o país registrou o crescimento súbito e preocupante do número de casos, que passou de 24.391 (1997) para 32.863 (1998) em todas as faixas etárias, particularmente entre homens adultos. Muitos especialistas atribuíram essa elevação das taxas de suicídio à crise econômica, mas o assunto permaneceu invisível no país por questões culturais, já que se considerava o suicídio um problema pessoal que não deveria ser tratado publicamente.

A situação começou a mudar em 2000, quando os filhos daqueles que haviam se matado romperam o tabu e começaram a falar abertamente sobre o problema, demandando das autoridades informação e providências para evitar novos casos. Em 2002, o Ministério da Saúde, Trabalho e Bem-Estar promoveu o primeiro grande encontro reunindo especialistas para debater políticas de prevenção. Foi o ponto de partida para ruptura do silêncio do governo, organizações civis e das mídias em relação ao problema.

Em 2006, impulsionada por uma petição assinada por mais de 100 mil japoneses, foi aprovada no Parlamento a Lei Básica para a Prevenção do Suicídio, que desencadeou novas rotinas dentro e fora do governo em favor da prevenção e da assistência aos "sobreviventes de si mesmos" (quem tentou se matar e não conseguiu) e de seus familiares. Estabeleceu-se o mês de março (normalmente aquele em que ocorre o maior número de suicídios no Japão) como o "Mês da Prevenção Nacional do Suicídio".

Os resultados desse conjunto de ações foram considerados exemplares para a Organização Mundial da Saúde: em 2009, o número total de suicídios no Japão ficou (pela primeira vez desde 1998) abaixo de 30 mil casos por ano. Embora as taxas continuem elevadas e preocupantes

> **Nos Estados Unidos, quem clica a palavra 'suicídio' em *sites* de busca como Google e Yahoo! acessa automaticamente os serviços de ajuda pela internet**

entre jovens – onde se dá hoje o foco dos trabalhos – o avanço é inquestionável.

Em uma realidade mais próxima da nossa, no Chile, onde as taxas de suicídio vinham crescendo rapidamente nos últimos vinte anos – em particular desde 2000 – um Plano Nacional de Prevenção do Suicídio (elaborado em 2009) também elegeu os jovens como o principal grupo a ser acompanhado de perto. Dentre as várias medidas adotadas, é interessante ver como nossos vizinhos chilenos desenvolveram programas de prevenção nas escolas (promovendo a autoestima e a capacidade de resolver problemas em situações de crise) e criaram uma linha telefônica de ajuda (*Teléfono de La Esperanza*) e um *site* na internet.[40] A meta dos chilenos é reduzir em 10% das taxas de suicídios entre jovens até 2020.

40. Disponívelem: http://www.telefonodelaesperanza.org/intervencion-en-crisis – Acesso em: 18 nov. 2014.

Prevenção no universo digital

ALÉM DOS GOVERNOS, organizações civis também devem agir em favor de programas de prevenção. Especialmente aquelas que atuam no mundo digital.

Nos Estados Unidos, quem clica a palavra 'suicídio' em *sites* de busca como Google e Yahoo! acessa automaticamente, logo no primeiro resultado, os serviços de ajuda pela internet, inclusive os números de telefone do *National Suicide Prevention Lifeline*. No Facebook também há uma página especialmente criada para orientar quem queira ajudar pessoas em situação de risco de suicídio.[41] "Se você encontrou uma ameaça direta de suicídio no Facebook, entre em contato imediatamente com as autoridades ou com uma linha direta sobre suicídio", diz a mensagem que aparece na página, que disponibiliza os *links* dos serviços de assistência em vários países.

A Central de Ajuda do Facebook oferece ajuda ainda para quem se identifique com as situações assim descritas:

• Como faço para ajudar um amigo que publicou algo sobre suicídio ou automutilação no Facebook?
• Como posso ajudar um membro da comunidade militar dos EUA (por exemplo, soldado ativo, veterano, ou membro da família) que publicou conteúdo suicida?
• Como posso ajudar uma pessoa LGBT que publicou conteúdo suicida no *site*?

Os Samaritanos de Londres – que inspiraram a criação do CVV no Brasil – lançaram em 2014 um aplicativo que informa usuários do Twitter (principalmente aqueles com idade entre 18 e 35 anos) se uma pessoa que segue o seu perfil está passando por um momento difícil e, eventualmente, parece estar cogitando a possibilidade de se matar.

Um algoritmo identifica palavras-chave ou expressões que sejam associadas a um estado de espírito depressivo, melancólico ou explicitamente suicida. 'Deprimido', 'cansado de estar sozi-

---

[41]. Disponível em: https://www.facebook.com/help/594991777257121 – Acesso em: 18 nov. 2014.

nho' ou 'preciso falar com alguém' são algumas dessas palavras ou frases que acionam um alerta para os que baixaram o aplicativo.

Em entrevista à BBC, o diretor de políticas, pesquisa e desenvolvimento dos Samaritanos defendeu-se da acusação de estar bisbilhotando a vida alheia, dizendo que a ferramenta permite que esses tuítes "sejam vistos por aqueles que já poderiam vê-los de qualquer maneira". Joe Ferns disse que se trata apenas de "mostrar algo para que você possa fazer alguma coisa sobre isso".

No Brasil, o CVV oferece desde 2008 um atendimento *on-line,* via *chat,* em que voluntários especialmente treinados pela instituição interagem com os internautas. São registrados em média 22 mil atendimentos por ano, principalmente de mulheres (70%), em que os assuntos 'suicídio' e 'morte' são mencionados em 50% dos contatos. Em quase metade dos atendimentos (45%), quem procura o *chat* do CVV[42] são jovens entre 13 e 20 anos.

[42] https://www.cvv.org.br/chat – Acesso em: 31 mar. 2018.

Os avanços na área de saúde

APESAR DE RECENTE – a área da ciência médica que estuda o suicídio não tem mais do que 200 anos – o fenômeno do autoextermínio tem justificado mobilização crescente dos países. De acordo com a Organização Mundial de Saúde, 28 nações do mundo – entre elas o Brasil – desenvolveram 'estratégias nacionais' para o enfrentamento do problema. Foi estabelecido o Dia Mundial de Prevenção do Suicídio, celebrado todos os anos, desde 2003, no dia 10 de setembro, com a intenção de promover campanhas nacionais e locais, abrir espaços positivos na mídia em favor da prevenção e favorecer o compartilhamento de experiências bem sucedidas para a redução das estatísticas.

Graças a essa mobilização intensa, vários cursos de graduação e pós-graduação dirigidos especificamente para os profissionais de saúde interessados em entender melhor o fenômeno do suicídio estão sendo criados pelas universidades mundo afora. Nos últimos 15 anos, segundo a OMS, multiplicaram-se também os cursos que capacitam pessoas (de diferentes origens e perfis profissionais) a participar diretamente de programas de prevenção em escolas, presídios e ambientes domésticos.

Ainda na área da saúde pública, há um esforço internacional para qualificar o trabalho dos profissionais do setor – não especializados em suicídio – a perceberem o que podem fazer, e de que jeito, em favor de uma atenção mais cuidadosa aos que manifestam comportamento suicida.

> Nos últimos 15 anos multiplicaram-se os cursos que capacitam a participar de diferentes programas de prevenção em escolas, presídios e ambientes domésticos

Desde o ano 2000, também é cada vez maior o número de 'grupos de apoio mútuo' aos que tentam se matar, bem como a familiares e amigos. Bem dirigido, esse trabalho consolida redes de proteção que reforçam a coragem de seguir em frente, atenuam a dor e o sofrimento de quem passou por essa experiência, além de disponibilizar uma terapia que busca na força do grupo (e nos novos laços de amizade e respeito) um estímulo a mais para viver e ser feliz.

A Organização Mundial da Saúde reconhece a importância das organizações voluntárias – como os Samaritanos em Londres, ou o CVV no Brasil – que oferecem ajuda por telefone ou pela internet aos que experimentam alguma crise que possa, eventualmente, evoluir para a ideia suicida. O trabalho realizado por esses grupos – que não oferecem ajuda médica, apenas uma escuta amorosa por parte de voluntários capacitados – é entendido como "uma fonte valiosa de ajuda emocional".

Em 2013, o Departamento de Saúde Mental e Abuso de Substâncias da OMS encaminhou um questionário a 157 países do mundo para saber como as políticas de prevenção de suicídio estavam sendo desenvolvidas. Apenas 90 países (57% do total) responderam. Vale compartilhar algumas dessas respostas:

- 55 países (61% do total) consideraram o suicídio como um "importante problema de saúde pública";

- 28 países (31%) informaram possuir "estratégias nacionais" ou um "plano de ação" para a prevenção do suicídio (inclusive o Brasil);

- 40 países (53%) identificaram uma ONG (organização não governamental) local especificamente dedicada à prevenção do suicídio;

- 20 países (22%) informaram possuir um "centro ou instituto nacional" dedicado à investigação do suicídio;

- 34 países (38%) disseram oferecer aos profissionais de saúde capacitação sobre "avaliação e intervenção" em casos de suicídio;

- 33 países (37%) disseram oferecer capacitação sobre prevenção do suicídio a outros profissionais fora da área de saúde (como professores e jornalistas);

- 38 países (42%) informaram existir grupos de apoio mútuo. Desses 38 países, 25 informaram que nem todos os grupos eram conduzidos por profissionais especializados, e nove países disseram que esses grupos eram conduzidos apenas por profissionais especializados.

E por aqui, como vamos?

O PRIMEIRO MOVIMENTO realizado no Brasil para transformar a prevenção do suicídio em política pública aconteceu em 2006, com o lançamento pelo Ministério da Saúde da Estratégia Nacional para Prevenção do Suicídio, uma tentativa de articular as redes de interesse (universidades, instituições de pesquisa, ONGs etc.) e apoiar trabalhos que pudessem reduzir óbitos e tentativas de suicídio no país, os danos associados aos comportamentos suicidas, assim como "o impacto traumático do suicídio na família, entre amigos e companheiros(as), nos locais de trabalho, nas escolas e em outras instituições".

Nesse mesmo ano foi lançado o já mencionado *Prevenção do suicídio: manual dirigido a profissionais das equipes de saúde mental*, especialmente dirigido às equipes dos Centros de Atenção Psicossociais (CAPS), para ajudar a identificar precocemente "certas condições mentais associadas ao comportamento suicida, bem como o manejo inicial de pessoas que se encontrem sob risco suicida e medidas de prevenção".

No contato que fizemos com as autoridades do Ministério da Saúde para a confecção deste livro, fomos informados de que existem (número apurado ao final de 2014), 2.155 CAPS espalhados pelo Brasil, com capacidade de realizar mais de 43 milhões de atendimentos por ano. Nesses Centros, de acordo com o Ministério, o paciente com patologias mentais recebe assistência médica, cuidado terapêutico e, se for o caso, em havendo orientação médica para isso, pode ser internado ali mesmo.

A rede pública também se responsabilizaria pelo custeio dos medicamentos indicados para o tratamento dessas patologias, inclusive a depressão. Os CAPS, entretanto, não costumam realizar os serviços de urgência/emergência, a cargo do SAMU (Serviço de Atendimento Móvel de Ur-

ONDE O AUTOEXTERMÍNIO É CRIME

Segundo a OMS, no início do século 19, a maioria dos países do mundo aplicava castigos ou penas – inclusive detenção – a quem tentasse tirar a própria vida. Nos últimos 50 anos, essa situação vem mudando rapidamente.

Hoje, a maioria absoluta dos países do mundo não penaliza o ato suicida. Das 192 nações investigadas, 25 teriam atualmente leis e castigos específicos para quem tenta se matar – principalmente nos países mais pobres. Outros 10 países aplicam a lei islâmica (Sharia), em que existe à possibilidade de se aplicar castigos quando a pessoa recorre a esse ato extremo. As penalidades variam de uma pequena multa à detenção por poucos dias ou prisão perpétua, mas muitos países – embora essas regras existam na forma da lei –

gência) e da UPA (Unidade de Pronto Atendimento), onde ainda é escassa a qualificação necessária para o devido atendimento.

Este é o grande desafio: construir 'redes de cuidado' devidamente capacitadas e interligadas. Trata-se, na verdade, de uma nova cultura que abrange desde a formação dos profissionais de saúde até as rotinas diferenciadas de atendimento e a devida capacidade de suporte para acolher todos os que se encontram fra-

não chegam a aplicar efetivamente essas penalidades.

Onde há penas e castigos, grupos de advogados voluntários entram em ação para oferecer apoio jurídico e encaminhar essas pessoas para instituições de acolhimento.

Para a OMS, "as taxas de suicídio tendem a decrescer nos países que não impõem penas a quem intenta contra a própria vida". Quando isso acontece, as estatísticas são mais precisas, as redes de assistência se organizam com mais eficiência e são procuradas por mais pessoas. Importa não considerar o suicida um criminoso, mas, antes, uma pessoa que precisa de atenção. Isso faz toda a diferença.

Para a Organização, os países que seguem as recomendações do *Plano de Ação para Saúde Mental* (produzido pela própria OMS para o período 2013-2020) podem reduzir as taxas de suicídio em até 10%. Parece pouco, mas terá sido um feito e tanto alcançar esse objetivo nesse prazo. ∎

> Este é o grande desafio: construir 'redes de cuidado' devidamente capacitadas e interligadas

gilizados e vulneráveis (suicidas, familiares, amigos).

As próprias autoridades reconhecem que há um longo caminho pela frente para que o país disponha de um serviço público bem estruturado, amplo e eficiente no enfrentamento do suicídio. Por esse motivo, consideram improvável que o Brasil venha a alcançar a meta sugerida pela Organização Mundial da Saúde para que todos os países reduzam em 10% as taxas de suicídio até 2020.

Se já somos um dos 28 países do mundo a dispor de "Estratégias Nacionais de Prevenção" – o que é um avanço importante – ainda há muito que fazer para que essas estratégias resultem em um trabalho efetivo e contundente para a prevenção do suicídio. Sem a mobilização da sociedade – e a devida pressão dos segmentos mais esclarecidos e comprometidos com essa questão – a distância que separa as boas intenções do mundo real continuará grande.

A nova fase da prevenção no Brasil

EM SETEMBRO DE 2017, o Ministério da Saúde fez uma série de anúncios que marcaram uma virada importante na forma como o Governo Federal passou a lidar com o problema do suicídio.

Pela primeira vez divulgou-se um boletim epidemiológico sobre suicídio (ver dados a seguir), o que deverá ocorrer anualmente, como forma de orientar as políticas públicas na área da prevenção. O objetivo é reduzir o número de casos em 10% até 2020, em atendimento ao compromisso assumido pelo país com a Organização Mundial da Saúde (OMS).

Além disso, foi anunciada a expansão dos CAPS, já que onde os Centros de Atenção Psicossocial foram instalados (na época do anúncio existiam 2.463 unidades espalhadas pelo país) observou-se que o risco de suicídios era 14% menor.

O Ministério da Saúde confirmou na ocasião a parceria firmada com o Centro de Valorização da Vida (CVV) para tornar gratuitas as ligações feitas para a instituição em todo o Brasil (ver história do CVV na página 127). Em vez do número 141 (cuja ligação é paga pelo usuário, de acordo com a tarifa local de telefonia), o CVV passaria a contar com o número 188, gratuito, sem ônus para quem liga, em todo o Brasil até 2020.

O serviço – instalado de forma pioneira no Rio Grande do Sul, permitindo que lá o número de ligações aumentasse 380% – já está disponível em vinte e três estados, com perspectiva de se estender até junho de 2018 para todo o território brasileiro.

Outra medida importante foi o compromisso assumido pelo Ministério de implementar a Política Nacional de Prevenção do Suicídio, para orientar as ações do Governo em favor da redução do número de casos.

SUICÍDIOS NO BRASIL

EVOLUÇÃO DOS CASOS

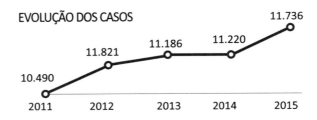

Fonte: Ministério da Saúde (Secretaria de Vigilância em Saúde): *Boletim Epidemiológico*, volume 48, n° 30, 2017 — http://portalarquivos2.saude.gov.br/images/pdf/2017/setembro/21/2017-025-Perfil-epidemiologico-das-tentativas-e-obitos-por-suicidio-no-Brasil-e-a-rede-de-atencao-a-saude.pdf — Acesso em: 26 mar. 2018.

Observação: a Organização Mundial da Saúde considerou em seu último relatório (2014) 11.821 óbitos por suicídio em 2012, número que foi considerado no primeiro gráfico, ao lado.

PERFIL DAS VÍTIMAS
Taxa de casos por 100 mil habitantes, entre 2011 e 2015

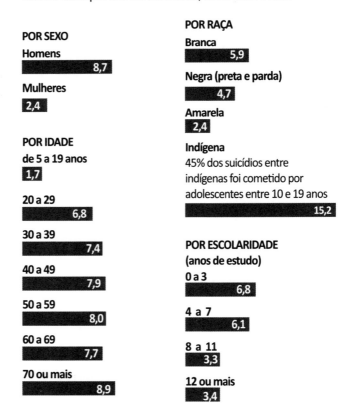

André Trigueiro

O Centro de Valorização da Vida

FUNDADO EM 1962, EM São Paulo, com base no trabalho realizado pelos Samaritanos de Londres, o Centro de Valorização da Vida (CVV) não possui ligações políticas ou religiosas, sobrevive com a ajuda dos próprios voluntários e depende do apoio da mídia para que os serviços oferecidos gratuitamente pela instituição (atendimento telefônico e *on-line*) sejam divulgados para o grande público.

Em mais de 50 anos de atividades no Brasil, com 70 postos espalhados pelo país reunindo 1.800 voluntários, o CVV registra em média 800 mil ligações por ano, uma ligação a cada quarenta 40 segundos (metade das ligações dura em média 50 minutos e quem decide quando encerrar a conversa é quem liga). Ainda assim, a instituição enfrenta dificuldades para divulgar os telefones de atendimento ou os cursos de formação de voluntários na mídia, basicamente por dois motivos: o tabu de se falar em suicídio, ainda que seja na área da prevenção, e o desconhecimento dos profissionais de imprensa sobre a importância desse serviço de utilidade pública.

> Os voluntários aprendem a perceber o valor da escuta numa sociedade onde a maioria absoluta das pessoas simplesmente não tem tempo, nem paciência para ouvir o outro

Aos que desejam ser voluntários do CVV pede-se apenas que tenha boa vontade e idade acima de 18 anos. Há um processo de seleção e treinamento, no qual se verifica a aptidão do candidato para a execução das tarefas que ele deverá assumir.

O principal aprendizado é o da escuta amorosa.

Os voluntários aprendem a perceber o valor da escuta numa sociedade onde a maioria absoluta das pessoas simplesmente não tem tempo, nem paciência para ouvir o outro, pelo menos naquilo que o outro imagina ser o tempo necessário. O ritmo cada vez mais acelerado da sociedade moderna afasta as pessoas de um convívio social mais estreito, onde as conversas íntimas sobre assuntos eventualmente delicados são, em boa parte dos casos, esporádicas. Sem ter com quem conversar ou desabafar, muitos se sentem solitários, angustiados e deprimidos.

A experiência do CVV confirma a credibilidade de um projeto que se escora em dois princípios fundamentais: sigilo e não diretividade.

Quem liga para o CVV[43] só se identifica se quiser, e confia no sigilo do voluntário em relação a tudo o que for dito ali. A con-

43. O CVV também presta atendimento pessoalmente, por carta ou ainda pelos serviços on-line: www.cvv.org.br – Acesso em: 04 abr. 2015.

fidencialidade é o amálgama de uma relação que surge a partir de um desconforto tão intenso que justifica o desejo de fazer contato com um estranho, apenas pelo fato de que este estranho demonstra interesse sincero em ouvir. E o que se espera do voluntário? Atenção absoluta ao que for dito sem, entretanto, interferir na capacidade daquele que ligou de descobrir o que mais lhe convém fazer em benefício de sim mesmo.

O princípio da não diretividade – ou seja, o respeito absoluto à autonomia daquele que ligou, sem interferir ou influenciar suas decisões – é um dos motivos do reconhecido sucesso do CVV. À medida que a conversa avança, e que os assuntos começam a ganhar densidade, a própria pessoa vai se descobrindo menos tensa em relação ao problema que motivou a ligação. Pode até não descobrir de imediato uma saída, ou uma resposta definitiva, mas falar sobre o problema e sentir-se acolhida, amparada por alguém que lhe consagra atenção no momento em que mais precisou, marca positivamente a experiência num momento delicado de sua vida.

Em depoimento espontâneo para um material especialmente produzido para divulgar o trabalho da instituição, a atriz Cássia Kiss disse o seguinte sobre o CVV: "Há mais ou menos vinte anos precisei de ajuda especial. Tinha vontade de desaparecer (coisa normal no mundo de quem não tem compromisso, responsabilidade comunitária). Chamei o CVV. Estou viva e integrada."

Na maioria absoluta dos casos, os voluntários não sabem o que acontece com as pessoas que ligam depois que a conversa é encerrada, lembrando que quem define o final do atendimento é quem liga. Por isso, há uma emoção muito especial nos plantões de final de ano que cobrem as escalas de Natal e Ano Novo nos postos do CVV quando, não raro, registram-se ligações de pessoas que querem apenas agradecer o fato de estarem vivas e poderem curtir estas e outras celebrações ao lado da família e dos amigos, graças ao trabalho realizado em algum momento do passado pelos voluntários. São demonstrações sinceras e legítimas de reconhecimento ao trabalho importantíssimo realizado pelo CVV.

Há outros aspectos que aferem credibilidade ao trabalho do CVV. A instituição se esmera em qualificar suas estatísticas de atendimento ao registrar pontualmente todas as ligações feitas por turnos de trabalho. Quem é aceito como voluntário, após a fase de treinamento, passa a dividir o tempo consagrado aos plantões com outros cursos promovidos pelo CVV internamente, com o objetivo de promover o conhecimento ampliado e profundo do próprio voluntário a respeito da natureza humana.

Uma pista de como a instituição leva muito a sério o compromisso de promover o autoconhecimento aparece no manual *Uma proposta de vida*, leitura obrigatória de quem ingressa como voluntário no CVV.

Lá aparecem de forma resumida a história do CVV, a filosofia do trabalho ("compreensão, fraternidade, cooperação e crescimento interior") e o exercício de 'vida plena' ("uma pessoa aberta às experiências, reconhece que os fatos são sempre amigos. Sem exceção, pois expressam a realidade. E a realidade, por sua vez, desprovida de ilusões, é sempre enriquecedora"). Também há recomendações para a abertura de um posto, para a divulgação do trabalho, regras para as reuniões de grupo dentro dos postos e outras informações relevantes para o bom andamento dos trabalhos do CVV.

Com muita dificuldade, são editados e distribuídos internamente boletins redigidos pelos próprios voluntários, que podem assim compartilhar ideias e reflexões a respeito dos desafios do trabalho. É comum encontrar nesses boletins a reprodução de reportagens publicadas na grande mídia sobre solidão, depressão, suicídio e descobertas da ciência a respeito do comportamento humano.

O primeiro boletim, publicado em julho de 1966, apresenta formalmente a instituição – que, na época, possuía apenas um posto de atendimento com 25 voluntários – e abre generoso espaço para uma compilação do livro *Clues to suicide* (em tradução livre: *Indícios de suicídio*), de N. Farberow, onde se lê que "os serviços profissionais dos psiquiatras, psicólogos e assistentes sociais poderiam salvar muitos suicidas em potencial, se o perigo fosse percebido a tempo".

Os boletins do CVV reúnem precioso acervo documental para pesquisa-

A filosofia do CVV: compreensão, fraternidade, cooperação, crescimento interior e o exercício da 'vida plena'

dores interessados em descobrir como o pensamento humano vem avançando nas últimas cinco décadas na compreensão do fenômeno do suicídio e dos males que nos afligem e que podem eventualmente determinar o autoextermínio.

A efetividade do CVV pode ser medida também pela autorização da Agência Nacional de Telecomunicações (Anatel), que permitiu no início dos anos 2000 que a instituição pudesse ser acessada de qualquer lugar do Brasil por apenas três dígitos: 141 (agora 188, já disponível em vinte e três estados e em junho de 2018 em todo o território brasileiro). Embora já fosse reconhecido como um serviço de utilidade pública federal (Decreto-Lei 73.348 de 20 de dezembro de 1973), o CVV obteve, a partir da análise técnica de uma agência reguladora, o mesmo reconhecimento que a Polícia Militar, a Defesa Civil e o Corpo de Bombeiros, como serviços que merecem ser acessados rapidamente por apenas três dígitos.[44]

Esta e outras instituições ligadas à prevenção do suicídio poderiam estar desenvolvendo trabalhos mais abrangentes em benefício de um número ainda maior de pessoas, se governos, empresários e os profissionais de comunicação percebessem como é importante e cada vez mais urgente dar visibilidade a essas ações.

44. Há anos a instituição vinha reivindicando a gratuidade das ligações feitas pelos usuários, já que se trata reconhecidamente de um serviço de utilidade pública. A ampliação dessa possibilidade para todo o Brasil está sendo possível graças a uma parceria firmada em 2017 entre o CVV e o Ministério da Saúde.

COM A PALAVRA, O ESPECIALISTA

6

Quando as pessoas se sentem muito estressadas, quando não conseguem ter nenhuma esperança de mudança, estão sozinhas, sem um amigo, elas tentam se matar. Não cabe a nós condená-las, mas ajudá-las.

CHAD VARAH

Um raio X completo

COMO UM DOS principais suicidólogos do país, o psiquiatra do Ministério da Saúde e coordenador da Estratégia Nacional de Prevenção do Suicídio (2005-2009), Carlos Felipe D'Oliveira nos deu uma entrevista exclusiva, onde aborda algumas das questões mais delicadas que envolvem o suicídio. Por sua relevância, reproduzimos a seguir essa conversa direta e franca.

O que leva uma pessoa a cometer suicídio?

Principalmente a dor de viver. Ela não suporta a angústia de viver com essa dor. No fundo, as pessoas não querem se matar, elas querem evitar a dor. O que move as pessoas nessa direção não é a morte, mas a própria vida, não suportar viver, com sofrimento e dor.

E qual seria a principal causa do suicídio?

Uma causa importante é, sem dúvida, a depressão. O indivíduo fica deprimido, se isola, e o isolamento alimenta ainda mais esse processo de depressão. Ele se afasta dos amigos e das pessoas mais próximas, se desinteressa pelo trabalho, pelo lazer e por qualquer outra atividade do dia a dia. É importante não confundir tristeza e depressão. Quando se fala de depressão nos referimos a uma doença psiquiátrica que requer cuidados especiais.

Existem grupos de risco, ou seja, há pessoas mais vulneráveis a cometer suicídio?

Os homens se matam quatro vezes mais do que as mulheres, embora as mulheres tentem mais vezes do que os homens. Pode-se dizer que as mulheres comunicam seu sofrimento através da tentativa do suicídio. Já os homens são mais efetivos e buscam meios mais drásticos para se matar.

Em relação à faixa etária, tanto a população jovem quanto a população idosa registram um maior número de casos por motivos inteiramente diferentes. Jovens de 15 a 24 anos, com mais acesso às drogas lícitas ou ilícitas, experimentam riscos maiores.

Por outro lado, parte da população idosa experimenta o isolamento social por diversas razões: aposentadoria, afastamento ou perda de amigos, maior exposição a doenças ou limitações físicas. A incidência de suicídios também é grande em determinadas etnias indígenas, principalmente entre jovens, e considero este hoje um problema grave no Brasil, porque afeta a sobrevivência destas populações. Novos estudos indicam que as adolescentes grávidas residentes nas ruas também são vulneráveis, assim como pessoas portadoras de doenças crônicas em geral, clínicas ou psiquiátricas.

Um grupo importante são os trabalhadores rurais que entram em contato com agrotóxicos e não se protegem adequadamente dos efeitos colaterais desses produtos, extremamente danosos ao sistema nervoso.

Dois pesquisadores das Universidades de Stanford e de Oxford publicaram em 2013 o livro *The body economic: why austerity kills* (em tradução livre: *A estrutura econômica: por que a austeridade mata*), em que apontam como de alto risco as populações submetidas a graves crises econômicas, como a que ocorreu na Europa e nas Américas a partir de 2008. Um ano após o início da crise, a taxa de suicídio entre os homens aumentou em cerca de 3,3%. A elevação foi maior nos países que mais perderam empregos.

O suicídio é hereditário?

Não. O suicídio é um evento considerado pela saúde pública e pela OMS como uma causa externa, assim como os homicídios e os acidentes de trânsito. Ele não é um transtorno mental.

Estou falando de suicídio e não de comportamento suicida. Este sim está categorizado como um transtorno mental pelo DSM (Manual da Associação Americana de Psiquiatria), a instituição que universalmente cataloga os transtornos psiquiátricos. Ele pode ocorrer em mais de uma pessoa dentro de uma família, por vários fatores de risco que podem acometer este grupo.

Aí entra um importante fator a ser considerado: a depressão. Mas isto não significa hereditariedade do suicídio.

Um exemplo muito interessante é o caso do filósofo Sêneca, que se suicidou na prisão por não suportar o sofrimento por que passava. E ele se justificou antes de praticar tal ato. Como filósofo, sentia necessidade de se justificar.

Tivemos no Brasil vários casos de pessoas que foram torturadas durante a ditadura, como o frei Tito Alencar, que se suicidaram porque não suportaram a dor do que haviam passado. Tito não possuía nenhum caso de suicídio na família e ninguém pode afirmar que tinha um marcador genético.[45]

45. O psiquiatra José Neury Botega (Unicamp) cita em seu livro *Crise suicida: avaliação e manejo* (Artmed, 2015) novos estudos sobre o tema, indicando que "o comportamento suicida é, em parte, hereditário e a estimativa da influência da hereditariedade na propensão para o suicídio chega a 55%". (Nota do autor para a 3ª edição.)

E a depressão? É hereditária?

Mais recentemente, estudos significativos e confiáveis têm

demonstrado que a depressão, um transtorno psiquiátrico conhecido, tem um marcador genético. Isto significa que a depressão é um fator de risco para o suicídio e que, dependendo ou não de fatores protetores, os indivíduos com depressão têm maior chance de cometer o suicídio.

Por isto, devemos investir nos fatores protetores: assistência médica e psicológica de boa qualidade para os indivíduos e suas famílias e a ampliação das suas redes sociais. Apenas desta forma poderemos hoje diminuir as taxas de suicídio na população em geral e nos grupos específicos.

Quais as principais dificuldades enfrentadas pelo depressivo?

Vivemos em uma sociedade em que estar deprimido é uma coisa aparentemente muito negativa. É humano sentir dor, e isso é muito importante. Quem pensa que a vida é só alegria se afasta dos próprios sentimentos, especialmente do que sentimos nos momentos de perda, nos momentos que geram lutos. Não pode alguém ter uma perda e imediatamente sair bailando. Corre-se um risco muito grande de se experimentar um quadro de depressão mais à frente.

As pessoas portadoras de depressão precisam receber ajuda, atenção, medicação adequada, e recuperar o prazer de fazer o que gostam, seus projetos de vida. Com cuidados adequados, elas podem sair do quadro de depressão.

A ocorrência de suicídios varia de acordo com a classe social ou faixa de renda?

Não. O suicídio é extremamente humano e democrático. Ele pode atingir qualquer um. Não há diferença entre pobres e ricos. Entretanto, crises agudas, sejam econômicas ou sociais, podem desencadear tentativas de suicídio.

Em que medida a capacidade de se adaptar a novas situações da vida previne a ocorrência de suicídios?

É sem dúvida algo importante. Uma característica da espécie humana é a capacidade de se adaptar a novas realidades. Outras espécies desapareceram porque não tiveram essa capacidade. Nós temos, mas precisamos de tempo para a adaptação. Nem sempre reagimos bem a mudanças repentinas. Um indivíduo rico que, de repente, perde tudo num processo de falência pode se colocar numa situação de risco, porque a mudança é rápida, abrupta. Dependendo da importância que ele atribui a essa condição social, à autoimagem construída ao longo do tempo, se ele, enfim, não tiver um suporte emocional adequado, há risco.

Essa é uma questão, por exemplo, que envolve as etnias indígenas que romperam laços importantes no seu *habitat*. Quando certos indivíduos perdem suas raízes, suas identidades há uma situação de risco. Quando as mudanças ocorrem paulatinamente, temos essa capacidade de nos adaptarmos com mais facilidade.

Quais os meios mais utilizados para o suicídio?

Há um princípio básico: os meios mais comuns são aqueles que as pessoas têm acesso com mais facilidade. É por isso que, dentro da Estratégia Nacional de Prevenção ao Suicídio, um dos eixos importantes é exatamente o controle dos meios. Num país grande e diverso como o Brasil, as singularidades de cada região se revelam também nos meios usados para cometer suicídio. Na região Amazônica, por exemplo, afogamentos em rios e enforcamentos em árvores são bastante comuns. Nas regiões urbanas, é frequente a precipitação de locais como pontes, prédios altos, vãos livres de *shoppings* etc. No meio rural, onde o uso de pesticidas é amplamente disseminado, o veneno também é ingerido. Ingestão de remédios e outras substâncias é outro meio importante, assim como intoxicação por gás ou uso de fogo, mais comum em pessoas com quadro psiquiátrico grave.

Uma vez que se conheçam os meios mais utilizados para consumar o suicídio em uma determinada região, o que pode ser feito no sentido de reduzir essas estatísticas?

Por exemplo, quando se conhecem os lugares em que as pessoas se precipitam, é importante que sejam instaladas telas ou redes de proteção. Isso costuma ser feito em pontes, principalmente nas partes que poderiam ser acessadas por pedestres. [Veja caso Golden Gate, página 112] O mesmo pode ser feito nas áreas de circulação de *shoppings* que dão para os vãos centrais.

Há quem procure no gás ou na ingestão de medicamentos um meio menos traumático do que a arma de fogo ou a queda. Nesses casos, existe alguma preocupação em não desfigurar o corpo, em reduzir danos à própria imagem. No caso do gás de cozinha, dependendo da incidência de suicídios por esse meio, uma providência útil pode ser a substituição dos componentes usados nos gases para consumo doméstico. Isso foi feito na Inglaterra exatamente como medida de prevenção. Na época, houve quem afirmasse que as pessoas iriam procurar outros meios em lugar do gás, mas as evidências mostraram que isso não aconteceu.

Há uma história antiga de uma cidade na Grécia onde muitas mulheres jovens estavam se matando. O prefeito então promulgou uma lei determinando que toda jovem que se suicidasse teria o corpo nu exposto nas colunas da cidade. Foi o bastante para que os suicídios deixassem de acontecer.

Uma informação importante é que as pessoas não se matam de qualquer maneira, ou seja, elas procuram os meios mais condizentes com o processo individual de cada um. Quando os meios não estão acessíveis, as taxas de suicídio tendem a cair.

Isso explicaria a forma como homens e mulheres tendem a escolher meios diferentes para consumar o suicídio?

Sim. As mulheres realizam muito mais tentativas de suicídio, mas escolhem meios menos agressivos. Alguns casos podem passar até despercebidos, como por exemplo, quando se ingerem altas doses de inibidores de apetite num quadro de anorexia. É importante observar de perto essas ocorrências para ver se há algo mais por trás. Há também os casos em que o que se pretende não é o suicídio, mas comunicar o sofrimento. Isso é comum entre as mulheres. Na população masculina, os métodos escolhidos costumam ser mais efetivos.

É comum as pessoas pensarem em suicídio? Com que frequência isso acontece?

Pensar em suicídio, como uma ideia passageira, é algo comum. Um pensamento do tipo: "Eu queria morrer diante dessa situação, porque não vou dar conta" acontece com frequência. Mas é importante diferenciar esse momento de outros em que a pessoa começa a fazer algum tipo de planejamento, busca informações sobre os métodos e se prepara efetivamente para a ação. Há uma enorme distância entre essa ideia passageira de suicídio num momento de aflição e a intenção deliberada de se matar.

O que define, portanto, um comportamento suicida?

Toda tendência ao isolamento social passa a ser um comportamento de risco para questão do suicídio. Comunicar a intenção de se matar também é um indicador importante. Mas o comportamento suicida se revela principalmente na forma como o indivíduo se coloca em situações de risco. Isso é importante principalmente em relação ao uso de drogas entre os jovens.

Quem ouve um relato, quem lê um recado, quem acompanha uma situação que possa ser identificada como um comportamento de risco quando o assunto é suicídio, deve fazer o quê?

O importante é saber que há sempre meios de ajudar. Mostrar que há outras saídas, que existem alternativas à ideia de se matar. Uma queixa comum é a da solidão, da enorme dificuldade de compartilhar a dor e o sofrimento. A pessoa precisa se sentir acolhida, amparada e, principalmente, não ser julgada por aquele que oferece ajuda. Toda dor é importante e precisa ser respeitada. Você nunca pode chegar para um indivíduo nessa situação e dizer: "ah, que nada, isso vai passar!", ou "ah, deixa de bobagem!". Não. É preciso entender que a pessoa está sofrendo e que há um motivo para ela lhe dizer o que sente. O ideal é que se procure um profissional de saúde capacitado, porque, dependendo da situação e do diagnóstico, será importante também fazer uso de medicamentos e de psicoterapias.

Qual a principal recomendação para o profissional de saúde que lida com pessoas que tentam se matar?

O acolhimento é fundamental. É preciso saber ouvir. Poder

escutar quem o procura nesta situação. E isso não vale apenas para o profissional de saúde. Todos os que estiverem por perto devem permitir que a pessoa fale de sua dor, expresse o seu sofrimento sem ser interrompido. Esse relato oferecerá aos profissionais de saúde informações preciosas para que seja possível sugerir as melhores alternativas de tratamento.

Uma medida importante é estabelecer uma relação de cumplicidade com a pessoa. "Vamos fazer um pacto? Vamos fazer um pacto pela vida? Se você tiver qualquer pensamento desses, você vai sempre me procurar, ou procurar outra pessoa ou outro serviço. Então, está acertado isso? Você tem alguma coisa dentro de casa que possa lhe oferecer risco num momento de muita angústia? Vamos tirar isso de dentro de casa?" São medidas muito importantes, porque revelam ao indivíduo que ele está sendo cuidado, que há uma preocupação em relação à sua vida e à sua saúde.

O que dizer das pessoas que se matam conscientemente, sem nenhum transtorno ou perturbação de ordem mental?

São pessoas acometidas de uma determinada dor e que não suportam essa situação. Elas se sentem prisioneiras dessa dor, não veem solução e decidem seguir por esse caminho. O suicídio, na verdade, não tem a ver com a morte, mas com a vida, no sentido de que as pessoas querem ter uma vida agradável. Ninguém suporta a dor contínua. A menos que você saiba que vai ter uma saída para aquela situação.

É possível afirmar que sempre há uma saída? Mesmo sabendo que cada caso é um caso?

Eu acho que a gente tem que ser muito franco em relação à dor do outro. Quando alguém passa por uma situação muito dolorosa, eu digo assim: "Olha, o máximo que eu posso lhe dizer é que eu estou solidário à sua dor, estou do seu lado, mas eu não estou sentindo a sua dor." Isso tem que ficar muito claro porque a dor dói na pele de cada um. E eu acho que isso pode também abrir uma possibilidade para o indivíduo ver o que ele pode fazer com a sua dor. Agora eu, como profissional, vou tentar sempre diminuir essa dor. Se as palavras só não adiantam, vai ser com medicamentos, porque a dor dói. Primeiro a pessoa tem que deixar de sentir dor e hoje a gente tem várias formas possíveis de enfrentar esse problema.

Além disso, é importante descobrir junto com a pessoa quais são os instrumentos disponíveis, os recursos que ela possui para sair daquela situação. Então, eu acredito assim: ninguém quer morrer. O que as pessoas não querem é sentir dor. A pessoa tem que acreditar que vai passar. Isso é muito importante. Para dor psíquica ou para dor física.

Em que medida falar sobre suicídio é algo positivo em termos de prevenção?

Falar do suicídio é o primeiro passo dentro da estratégia de prevenção. Porque, falando, nós estamos compartilhando informações importantes, trazendo o tema à tona, e assim permitindo a construção de uma rede de proteção que envolve toda a sociedade.

É possível definir o modelo ideal de atendimento a quem tentou e não conseguiu se matar?

Esse modelo existe e foi definido por um grupo de especialistas para a Organização Mundial de Saúde (OMS). Nós o chamamos de 'modelo compreensivo'. Em primeiro lugar, é importante que essas pessoas que tentaram e não conseguiram se matar encontrem rapidamente serviços de atendimento, sem filas ou burocracia.

Quando se trata de uma doença psiquiátrica, que se dê o atendimento recomendado com psiquiatras. Quando há por trás um conflito familiar, que haja condições de oferecer ajuda ao grupo, prevenindo novas ocorrências. Remover de casa ou dificultar o acesso a todos os possíveis meios que a pessoa possa dispor para realizar outra tentativa. Após o atendimento inicial, é importante programar um acompanhamento por telefone, combinando conversas regulares – por exemplo, uma vez por mês – para saber como vão as coisas. Em linhas gerais, o princípio do bom atendimento se dá com portas abertas, intervenções breves e monitoramento por telefone, por um período de seis meses a um ano. Mas cada caso deve ser avaliado individualmente.

As estatísticas sobre suicídio são confiáveis?

Houve uma melhora sensível nos últimos 35 anos. A informatização dos registros emprestou agilidade e confiabilidade ao processo. De um modo geral, houve uma melhora. Mas ainda enfrentamos muitas dificuldades nas fontes primárias do registro, que são os atestados de óbitos. Eles ainda não são preenchidos de forma adequada. Até algum tempo atrás, por exemplo, se informava no atestado de óbito de uma determinada pessoa que a causa da morte dela havia sido "traumatismo crânio-encefálico", e não havia nenhuma menção ao que causou o ferimento, por exemplo, a intenção de se matar, jogando-se do alto de um prédio.

O que é suicidologia?

A suicidologia é um campo de estudo que surge nos países desenvolvidos a partir da década de 1970 e que procura formular modelos teóricos para explicar os fenômenos ligados ao suicídio e políticas de intervenção. Envolve basicamente o trabalho de psiquiatras, psicólogos, epidemiologistas, antropólogos e sociólogos.

Houve avanços a partir da suicidologia?

No início dos anos 2000, nos Estados Unidos, as autoridades de saúde registraram a estabilização das taxas de suicídio em algumas regiões do país, que, embora ainda altas, deixaram de crescer. A realização de um trabalho multidisciplinar, preconizado pela suicidologia, deu resultados. Por exemplo, a participação dos epidemiologistas permitiu a realização de estudos que emprestaram maior clareza e efetividade às ações na área da prevenção.

Como deveria ser uma campanha de prevenção do suicídio?

O suicídio não pode ficar escondido. Falar sobre o suicídio é uma questão importante, como foi importante falar sobre a aids. Foi enfrentando o tabu e o preconceito que se abriu caminho para um modelo de atendimento eficiente ao paciente soropositivo em boa parte do mundo, inclusive no Brasil.

Mas a ideia de que o suicídio pode ser prevenido ainda encontra uma resistência muito grande entre os profissionais na área de saúde. O pensamento que predomina é o de que o suicida será sempre um suicida e que não há muito que fazer para mudar isso.

Por trás disso, talvez esteja o desconforto de se sentir impotente diante de uma situação extrema, e se dê preferência ao que é mais confortável e seguro de se resolver.

A questão fundamental é que, na hora em que se afirma a possibilidade de se prevenir suicídio, cria-se a demanda de investimentos federais, estaduais e municipais nessa direção. No Brasil, os Centros de Atenção Psicossocial constituem uma rede capaz de lidar com esse problema. O que ainda falta é preparar o profissional que atua nesses centros para lidar com casos de suicídio, com pessoas que tentaram e não conseguiram se matar. Assim como ampliar esta rede que não vem conseguindo atender a toda a demanda que surge.

Qual é a importância das redes de apoio compostas por pessoas que não são profissionais de saúde, como os Samaritanos de Londres ou como CVV, no Brasil?

Essas redes são extremamente organizadas e têm uma força muito grande. O fato de estarem dentro da sociedade aumenta o poder de pressão e isso é fundamental. As políticas todas se movimentam por pressão. Nos Estados Unidos, foram instituições ligadas à prevenção do suicídio que tornaram possível a implantação de uma política pública nessa direção. O sigilo oferecido por esses grupos também é muito importante, porque gera confiança e cria-se um vínculo. Isso ajuda muito num trabalho de prevenção.

Há algum problema no fato de um voluntário, sem especialização na área de saúde, oferecer ajuda através desses grupos a alguém que esteja pensando em se matar?

Os religiosos também não são especialistas em saúde e as pessoas os procuram. E eu não vejo os psiquiatras brigarem com os padres. Então é um cacoete da onipotência. No caso, por exemplo, do CVV, sei que a organização reconhece seus próprios limites, e os voluntários sabem o que devem e o que não devem fazer. Não há nenhum problema em oferecer ajuda, ouvindo o relato das pessoas pelo telefone.

Como analisa o relatório publicado pela Organização Mundial da Saúde (OMS), em setembro de 2014, que propõe uma redução de 10% da taxa de suicídio até o ano 2020?

Em maio de 2013, a 66ª Assembleia da OMS, com o voto favorável do Brasil, adotou seu primeiro Plano de Saúde Mental e a prevenção do suicídio é parte integral deste plano, com o objetivo de reduzir a taxa de suicídios nos países que têm um sistema de informações qualificado e estratégias nacionais de prevenção.

Desde 2006, o Brasil se inclui entre os 28 países com uma Estratégia Nacional elaborada pelo Ministério da Saúde, através de um grupo de trabalho que tive a honra de coordenar e que envolveu universidades brasileiras importantes, além do Centro de Valorização da Vida. Este trabalho foi reconhecido pela OMS.

Esse primeiro relatório sobre suicídio da OMS, lançado em setembro de 2014, chama a atenção para o tema. Propostas com sustentabilidade e continuidade são as que mais interessam para a implantação de uma política efetiva de prevenção do suicídio. O relatório reconhece o compromisso dos 28 países que foram citados como tendo estratégias, e que através de seus ministros de Estado da Saúde aprovaram em Genebra a meta de redução de 10% na taxa de suicídios.

Portanto, o Brasil tem o compromisso formal de reduzir em 10% a taxa de suicídio até o ano 2020, que hoje se encontra em cerca de 5,5%. Para atingir este objetivo, o Ministério da Saúde, órgão coordenador da Estratégia, deve desenvolver um plano de metas para cumprir seu compromisso.

A VISÃO ESPÍRITA

7

Em regra, o homem não tem o direito de dispor da vida, por isso que esta lhe foi dada visando deveres a cumprir na Terra, razão bastante para que não a abrevie voluntariamente sob pretexto algum. Mas, ao homem – visto que tem livre-arbítrio – ninguém impede a infração a esta lei. Sujeita-se, porém, às suas consequências.

Allan Kardec, em *O céu e o inferno*

Do outro lado da vida...

As informações que compartilhamos até aqui nos possibilitam conhecer melhor as questões mais relevantes acerca do suicídio, independentemente do credo ou visão de mundo que cada um tenha. Mas, como espíritas, precisamos ir além.

De todas as tradições religiosas ou filosofias espiritualistas, a doutrina espírita é aquela que reúne possivelmente o maior estoque de informações a respeito da realidade do suicida no mundo espiritual, as principais causas e consequências do autoextermínio, e a importância de agirmos preventivamente nos diversos setores da sociedade para que o número de casos se reduza drasticamente.

São muitas obras e estudos espíritas que compõem um precioso acervo, já disponível e acessível, sem que o presente livro tenha qualquer pretensão de acrescentar algo substancialmente novo, senão a arrumação original das ideias e informações a respeito do tema da forma mais clara e objetiva possível.

Como já dissemos na introdução deste livro, não se trata de uma obra proselitista, mas do compartilhamento de informações que possam ser úteis tanto para os que investigam o fenômeno do suicídio à luz do espiritismo, quanto para aqueles que se detêm em profundas dúvidas existenciais e que, eventualmente, encontrem aqui respostas para essas questões.

Importante dizer também que a doutrina espírita não rivaliza com a ciência médica. Muito pelo contrário, já que, neste assunto em particular, ratifica o senso de urgência das ações preventivas, bem como as recomendações médicas – seja no uso controlado de medicamentos, seja no campo da assistência psicológica – para que os melhores resultados possam ser alcançados.

Tão importante quanto cuidar do corpo e da mente é entender a dimensão espiritual em que o problema do suicídio se resolve. Essa parte de nós que antecede a vida corporal e sobrevive ao colapso orgânico é, em síntese, a essência daquilo que somos, o espírito imortal. Não é possível falar de saúde integral sem considerarmos o transcendente, o princípio inteligente que anima o corpo físico e o usa como veículo nesta dimensão espaço-tempo.

> Tão importante quanto cuidar do corpo e da mente é entender a dimensão espiritual em que o problema do suicídio se resolve

Entender o que estamos fazendo aqui, de onde viemos e para onde vamos, qual o significado da dor e do sofrimento em nossas vidas e o que está em jogo quando, unilateralmente, abortamos o projeto existencial, precipitando o nosso retorno à pátria espiritual, são algumas das questões elucidadas pela doutrina espírita.

E quando o assunto é suicídio, há uma profusão de dados e informações que podem eventualmente ser bastante úteis a quem se interessa pelo tema.

O sentido da vida

PARA OS ESPÍRITAS, o livre-arbítrio é soberano. Somos os construtores do nosso destino e ele se desdobra à nossa frente a partir das escolhas que fazemos a cada instante. Quando nossas decisões convergem na direção das leis que regem a vida e o universo, a existência flui como as águas de um rio que segue resoluto na direção do mar, enfrentando os eventuais obstáculos sem se deter neles, avançando sempre. Por mais difíceis que sejam as circunstâncias, nos sentimos integrados a um projeto maior que, bem entendido, nos acolhe e protege. Ainda que não tenhamos todas as respostas, confiamos no conjunto de forças que determinam o avanço do rio até seu encontro com o mar.

Entretanto, quando nossas escolhas se dão de outra forma, ignorando esse *software* inteligente da vida, sofremos. Não é um aprendizado fácil. O fato é que não é possível assimilar tudo o que nos interessa em uma única existência. Assim, em sucessivas encarnações, regressamos ao planeta desempenhando diferentes papéis, em diferentes famílias, lugares do mundo, culturas e épocas.

O objetivo das reencarnações é acumular conhecimento, sabedoria e discernimento daquilo que nos convém. A meta é evoluir. A evolução é entendida na doutrina espírita como uma lei do universo, que alcança indistintamente a tudo e a todos. E nenhum de nós evolui sem esforço, sem trabalho, sem superar adversidades e enfrentar as próprias imperfeições.

Ainda que não tenhamos hoje plena consciência dos passos que já galgamos nessa jornada evolutiva, já transitamos pelos diferentes reinos da natureza até alcançarmos a condição humana e, por merecimento, conquistarmos o direito de escolher o que nos pareça mais conveniente. Dotados de livre-arbítrio, passamos a ser responsáveis por nossas escolhas, e isso não é pouca coisa.

Evolução é mérito, pessoal e intransferível. Cada escolha que fazemos determina maior celeridade ou vagar nesta fantástica caminhada. Se não é possível retroceder, há o risco de estacionarmos no degrau evolutivo onde nos situamos. É uma opção, da qual depois certamente nos arrependeremos pelo desperdício de tempo e energia, mas quem está no comando decide o que lhe pareça o certo.

Uma informação importante é que não podemos evoluir pelo outro. No máximo, podemos ajudá-lo a fazer ele mesmo as escolhas certas. E o que o espiritismo considera uma escolha certa? Aquela que nos projeta na direção das mais importantes conquistas evolutivas: a paz, a felicidade e a alegria indefiníveis, que só os espíritos puros – após cumprirem essa mesma jornada evolutiva – conseguem experimentar.

"Vós sois deuses", disse Jesus, assinalando a centelha divina que é parte de nós, justamente aquela onde reside a consciência, a voz interior, a inteligência suprema, e outras denominações que convergem na direção de uma força superior, a qual a maioria de nós ainda não compreende totalmente, mas já começa a ter alguma noção do que seja. Ela é a nossa bússola, o nosso senso moral, aquilo que nos indica o que é o certo, o caminho a seguir.

Por ora, estagiamos em um planeta dentre bilhões de outros espalhados pelo universo com diferentes

> Fundamentalmente considerando, a dor é uma lei de equilíbrio e educação

categorias de humanidades. Todos temos a forma humana e ocupamos corpos mais ou menos densos, segundo o nível evolutivo, ético e moral de cada humanidade. São as muitas "moradas do Pai", assinaladas por Jesus no Evangelho.

Aqui onde estamos, num planeta de expiações e provas, a dor e o sofrimento ainda cumprem uma função pedagógica importante. Não se trata de punição ou castigo, infortúnio ou azar. Os dissabores da vida trazem lições importantes que nos ajudam a compreender melhor o que ainda nos falta para dar mais um passo importante à frente.

"Fundamentalmente considerando, a dor é uma lei de equilíbrio e educação", nos informa o escritor Léon Denis, assinalando o sofrimento como "necessidade de ordem geral, como agente de desenvolvimento, condição do progresso".[46] Em diversas mensagens,[47] Joanna de Ângelis desaconselha enfaticamente os mecanismos de fuga diante do sofrimento:

> Fugir, escamotear, anestesiar o sofrimento são métodos ineficazes, mecanismos de alienação que postergam a realidade, somando-se sempre com a sobrecarga das complicações decorrentes do tempo perdido. Pelo contrário, uma atitude corajosa de examiná-lo e enfrentá-lo representa valioso recurso de lucidez, com efeito terapêutico propiciador de paz.

Fato é que todos nós, em todas as partes do mundo, indepen-

46. DENIS, LÉON. *O problema do ser, do destino e da dor.* Rio de Janeiro: FEB, 2003, p. 372.

47. FRANCO, DIVALDO P. *Plenitude.* Pelo espírito Joanna de Ângelis. Salvador: LEAL, 1991, pp. 15-16.

dentemente do nível social ou de renda, da escolaridade, etnia ou posição profissional, seja qual for a nossa condição existencial, não estamos livres do aguilhão da dor e do sofrimento. "A felicidade não é deste mundo", como destaca *O evangelho segundo o espiritismo,* é entendida pela doutrina espírita no sentido relativo, ou seja, não é possível ainda realizar a utopia da felicidade absoluta – salvo raríssimas exceções – por conta da nossa atual condição espiritual.

Estagiamos em uma faixa evolutiva onde ainda prevalecem o egoísmo, o orgulho, a vaidade, o sensualismo, o apego à matéria e outras imperfeições que nos exaurem preciosas energias sem que o espírito imortal – após o desencarne – consiga realizar, na maioria absoluta dos casos, avanços consistentes na direção que importa. É a "porta estreita", de que nos falou Jesus. "São muitos os chamados e poucos os escolhidos", disse o Mestre, no entendimento de que a maioria de nós ainda se encontra vulnerável aos apelos da matéria e, por isso, acumula encarnações sem progressos significativos.

Há ainda os fatores ambientais que podem determinar desde cedo poderosa influência na maneira como muitos de nós se posiciona no tabuleiro da vida, como sugere o espírito Emmanuel, pela psicografia de Francisco Cândido Xavier:

> O meio ambiente em que a alma renasceu, muitas vezes constitui a prova expiatória; com poderosas influências sobre a personalidade, faz-se indispensável que o cora-

48. XAVIER, FRANCISCO C. *O consolador.* Pelo espírito Emmanuel. Rio de Janeiro: FEB, 2005, resposta à pergunta 121.

ção esclarecido coopere na sua transformação para o bem, melhorando e elevando as condições materiais e morais de todos os que vivem na sua zona de influenciação.[48]

Há diferentes gêneros de sofrimento e nem sempre conseguimos identificar com clareza a sua origem. Quando reconhecemos a causa em algum episódio ocorrido na atual existência corpórea, nos mobilizamos com mais presteza para resolvê-lo. Há também questões mal resolvidas na presente encarnação que se refugiam nos escaninhos do inconsciente, e poderão requerer assistência psicológica para que venham à tona e se revelem por inteiro. Há, entretanto, problemas que vêm de longe, de existências pregressas, que resistem ao tempo pela dificuldade dos envolvidos em reparar perdas e/ou danos causados a outrem ou a si mesmos. Nesses casos, a origem do sofrimento pode estar relacionada a algum evento ocorrido em um passado mais ou menos distante.

A chamada lei do retorno (ou lei de causa e efeito) determina que tudo de bom ou de mau que façamos se volte para nós, para que tenhamos plena consciência do alcance de nossos atos e nos sintamos progressivamente responsáveis por

> Não somos outros espíritos: somos os algozes do passado travestidos de vítimas do presente

eles. A misericórdia de Deus está justamente nas oportunidades que nos oferece através da própria lei por meio das reencarnações. Como nos lembra o espírito Marcelo Ribeiro, pela psicografia de Divaldo Pereira Franco: "Não somos outros espíritos: somos os algozes do passado travestidos de vítimas do presente". Nesse contexto, não há vítimas. Especialmente em um planeta de expiações e provas, estamos todos em processo de ajuste diante da Grande Lei.

Este seria um breve – e imperfeito – resumo de alguns aspectos importantes que estruturam a doutrina espírita. Tomamos consciência através dela do valor incomensurável da existência; a preciosidade de cada encarnação pelas enormes possibilidades de aprendizado e avanço na senda evolutiva; de onde nos situamos nas diferentes categorias de mundos habitados; de como a dor e o sofrimento – ainda tão presentes em nossas rotinas – podem ser compreendidos no seu sentido mais amplo; a necessidade de buscarmos a visão transcendente para a compreensão do que seja a vida; a impossibilidade de resolvermos nossos problemas através do suicídio, porque a morte não existe.

Como os espíritas lidam com o suicida?

AO ANALISARMOS o problema do suicídio, importa diferenciar o ato em si de quem o pratica. O suicídio é condenável sob qualquer aspecto ou pretexto. Se temos conhecimento da rea-

Mais amor cristão e menos preconceito. Caridade em lugar da condenação sumária. É o que se espera dos seguidores do espiritismo lidade hostil que aguarda o suicida no plano espiritual, não devemos economizar esforços para apoiar toda e qualquer iniciativa em favor da prevenção do autoextermínio, dentro e fora do movimento espírita. Se a doutrina possui um vasto repertório de informações que nos ajudam a construir uma convicção a respeito do assunto, não há por que postergar a ação preventiva.

Muitos de nós, entretanto, nos exaltamos nas críticas ao suicida, chamando-o de 'criminoso', 'covarde', e outros adjetivos desabonadores que não combinam, a nosso ver, com o que há de mais profundo e belo no cristianismo.

A imensa dor que leva uma pessoa a buscar no suicídio uma solução merece de nossa parte atenção e respeito.

Como o espiritismo não admite penas eternas, todos temos a chance abençoada de nos recuperarmos e anularmos totalmente os efeitos negativos do ato suicida. Qual de nós já não terá passado pelo mesmo infortúnio nesta ou em outras vidas? Se conseguimos nos reerguer e seguir em frente não foi por que alguém nos acusou, ofendeu ou julgou. Foi porque alguém nos estendeu a mão, de forma solidária e amorosa. Essa rede de apoios é fundamental para que o suicida recupere a autoestima e dê o primeiro passo na direção certa. Mais amor cristão e menos preconceito. Caridade em lugar da condenação sumária. É o que se espera dos seguidores do espiritismo.[49]

Em muitas situações, simplesmente ouvir o desabafo de uma pessoa aflita determina um bem maior do que interromper esse momento para 'doutrinar' quem está sofrendo. Reconheçamos o momento certo de agir e, com muito amor e respeito, sejamos nós o instrumento que eventualmente a espiritualidade maior utiliza para desanuviar uma crise, interromper a torrente de pensamento suicidas, resgatar aos poucos a lucidez e a coragem de viver.

Ao codificar a doutrina espírita e dividir os seus conteúdos nas cinco obras básicas,[50] Allan Kardec reuniu em O céu e o inferno a transcrição dos relatos feitos por desencarnados em evocações especialmente conduzidas para fins de pesquisa. Com a ajuda de médiuns, foi possível realizar 'entrevistas' com o objetivo de melhor entender como é a vida do lado de lá. Os entrevistados foram divididos em sete diferentes categorias, das quais uma era justamente a dos suicidas.

Percebe-se com clareza – e isso se repete em diferentes obras espíritas que abordam a realidade dos suicidas no além-túmulo – que, embora o suicídio jamais propicie alívio ou melhoria das condições daquele que o cometeu, as sensações descritas pelos que desencarnaram dessa forma variam de acordo com as motivações, as influências espirituais, o grau de conhecimento, o nível evolutivo e até o gênero de morte.

Portanto, se o sofrimento do suicida é inevitável, o gênero

[49]. A doutrina espírita é considerada a terceira revelação espiritual da humanidade; a primeira foi personificada em Moisés, a segunda em Jesus; e a doutrina espírita, uma obra coletiva do mundo espiritual, considerada "o consolador prometido" anunciado por Jesus.

[50]. O livro dos espíritos (1857), O livro dos médiuns (1861), O evangelho segundo o espiritismo (1864), O céu e o inferno (1865) e A gênese (1868).

de aflição varia de acordo com esses e outros indicadores. São diferentes, por exemplo, as realidades enfrentadas por um esquizofrênico que decide se matar, no auge de um surto psicótico, se comparadas às de outra pessoa que age de forma fria e calculista – sem nenhuma patologia de ordem mental associada ou qualquer outro distúrbio psíquico – para consumar a própria morte. São situações distintas porque envolvem níveis de responsabilidade diferentes. Triste é a situação de quem age por impulso, movido pelo momento, sem qualquer reflexão – por menor que seja – sobre a gravidade desse ato e, principalmente, a impossibilidade de voltar atrás. Mais triste ainda será a situação daquele que refletiu, planejou o suicídio, pois quanto maior consciência, maior será a responsabilidade.

O estudo do autoextermínio pela doutrina nos revela ainda que o primeiro grande choque se dá quando o suicida percebe-se vivo, ou seja, quando descobre que a morte não existe (o fim da existência física é determinado pelo colapso orgânico do corpo que lhe servia durante a jornada terrena) e que a dor que o afligia foi potencialmente agravada pelas consequências de seu ato. Para quem procurava uma solução, o desapontamento é evidente.

O suicídio indireto

O ESPIRITISMO NOS alerta para o risco de podermos ser suicidas inconscientes ou indiretos. Isso acontece quando realizamos ações que minam as funções vitais do nosso corpo físico, antecipando precocemente o nosso retorno à pátria espiritual.

No livro *O céu e o inferno*, Allan Kardec anota que o "suicídio não consiste somente no ato voluntário, que produz a morte instantânea, mas em tudo quanto se faça conscientemente para apressar a extinção das forças vitais".[51] Pode ser o cigarro, a bebida ou outra droga qualquer, lícita ou ilícita. Podem ser os excessos da alimentação, comprovadamente nefastos ao bom funcionamento do nosso metabolismo. Pode ser o sedentarismo exacerbado ou a busca frenética pela boa forma com uma carga de exercícios demasiadamente arriscada para a saúde.

Foi o que aconteceu com o espírito André Luiz, conforme relato próprio através da psicografia de Francisco Cândido Xavier no livro *Nosso Lar*:

> Mesmo na condição de médico, ele se descuidou em relação aos males do tabagismo, ao adotar um estilo de vida desregrado e boêmio, e na recorrência com que per-

> O suicídio não consiste somente no ato voluntário, que produz a morte instantânea, mas em tudo quanto se faça conscientemente para apressar a extinção das forças vitais

51. KARDEC, ALLAN. *O céu e o inferno*. Rio de Janeiro: FEB, 2013.

dia o autodomínio para dar vazão a explosões de cólera. Percebeu-se em situação aflitiva no Umbral, [...] onde entidades igualmente desequilibradas o chamavam de 'suicida'.[52]

Apenas depois de assistido por equipes socorristas e encaminhado para a colônia espiritual que dá nome ao livro, André Luiz ouviu do espírito Henrique de Luna, do Serviço de Assistência Médica de Nosso Lar, a explicação para sua desafortunada condição:

> Os órgãos do corpo somático possuem incalculáveis reservas, segundo os desígnios do Senhor. O meu amigo, no entanto, eludiu excelentes oportunidades, desperdiçando preciosos patrimônios da existência física. A longa tarefa, que lhe foi confiada pelos Maiores da Espiritualidade Superior, foi reduzida a meras tentativas de trabalho que não se consumou. Todo o aparelho gástrico foi destruído à custa de excessos de alimentação e bebidas alcoólicas, aparentemente sem importância. Devorou-lhe a sífilis energias essenciais. Como vê, o suicídio é incontestável.[53]

São muitas as situações em que podemos, de forma mais ou menos consciente, exaurir perigosamente as nossas energias nos precipitando em uma faixa de risco. Essas atitudes – que

52. XAVIER, FRANCISCO C. *Nosso Lar*. Pelo espírito André Luiz. Rio de Janeiro: FEB, 2008 – ver página 185.

53. Idem.

configuram um suicídio indireto, ainda que a pessoa não tenha a consciência disso – atrasam nosso projeto evolutivo e nos impede de retornarmos à pátria espiritual na condição de 'completistas'.

> Eis um teste para saber se você terminou sua missão na Terra: se você está vivo, não terminou

Em *Missionários da luz*, o espírito André Luiz – já plenamente recuperado da condição de "suicida indireto" e promovido à condição de autor espiritual, em parceria com o médium Francisco Cândido Xavier – define 'completista' como o "título que designa os espíritos que aproveitam todas as oportunidades construtivas que o corpo terrestre lhes oferece".

Embora raros, os completistas conquistariam – segundo André Luiz – a permissão para "escolher, à vontade, o corpo futuro, quando lhe apraz o regresso à crosta em missões de amor e iluminação, ou recebe veículo enobrecido para o prosseguimento de suas tarefas, a caminho de círculos mais elevados de trabalho".[54]

É uma espécie de prêmio conferido àquele que aproveitou ao máximo as oportunidades que a vida lhe ofereceu.

Quantos de nossos atos no dia a dia correspondem às expectativas que construímos antes da atual encarnação?

Estaríamos consagrando o devido tempo e energia – por mínimos que sejam – à realização deste projeto evolutivo, razão primeira de nosso regresso a esse plano?

54. XAVIER, FRANCISCO C. *Missionários da luz*. Pelo espírito André Luiz. Rio de Janeiro: FEB, 2008, pp. 167-171.

Quantas vezes adiamos o nosso encontro com o trabalho edificante, com a caridade desinteressada, com o exercício das virtudes, com as atividades voltadas para os mais necessitados?

"Eis um teste para saber se você terminou sua missão na Terra: se você está vivo, não terminou", ensina o escritor norte-americano Richard Bach. Sempre podemos fazer algo diferente em favor de nossa evolução espiritual. Por que não já?

A importância da psicosfera

O ESPIRITISMO, COMO já o dissemos, não discrimina o uso de remédios controlados e a psicoterapia como recursos terapêuticos importantes no enfrentamento da depressão. Mas recomenda também terapias que, para os espíritas, propiciam o saneamento da psicosfera do depressivo, como a fluidoterapia (aplicação dos passes magnéticos).

Para quem não está familiarizado com o termo, que aparecerá aqui em outros momentos, cabe explicar que, no espiritismo, usa-se a palavra 'psicosfera' para designar esse campo eletromagnético que nos envolve a todos, encarnados e desencarnados, e que reflete nossa realidade evolutiva, nosso padrão psíquico, situação emocional e estado físico do momento.[55]

Pela lei de sintonia, quem se encontra acometido de depressão emite ondas de baixo teor vibratório, atraindo energias

[55. Disponível em: http://www.guia.heu.nom.br/psicosfera.htm – Acesso em: 16 jul. 2009.]

afins. Com o campo eletromagnético desguarnecido, abre-se caminho para a ação eventual de espíritos obsessores.⁵⁶

Assim, para os espíritas, pensamento e emoção têm força e direção. Não são meras abstrações intangíveis, inofensivas ou desimportantes. Dependendo da intensidade, alcançam imediatamente o alvo que os inspiraram. Há, portanto, uma causalidade que precisa ser mais bem conhecida para que tenhamos condições de nos prevenir de complicações desnecessárias, bem como sejamos também provedores conscientes de saúde e bem-estar.

Convém cuidar sempre com muito carinho da qualidade dos pensamentos e dos sentimentos, cultivando a prece, as leituras edificantes, as boas companhias, o ambiente mais sadio e equilibrado possível.

A qualidade de nossa psicosfera define a nossa qualidade de vida, nos dois planos da existência. No livro *Após a tempestade*, psicografado por Divaldo Pereira Franco, o espírito Joanna de Ângelis denuncia os riscos da "poluição mental que interfere na ecologia psicosférica da vida inteligente, intoxicando de dentro para fora e desarticulando de fora para dentro". Em uma análise mais abrangente da situação atual do planeta, Joanna afirma que "estando a Terra vitimada pelo entrechoque de vibrações (...) a poluição mental campeia livre, favorecendo o desbordar daquela de natureza moral, fator primacial para o aparecimento de todas as outras que são visíveis e assustadoras".⁵⁷

A maioria de nós desconhece o poder que possui de gerar

---

56. Para a doutrina espírita, obsessão é o domínio exercido por espíritos inferiores, em diferentes graus de interferência (obsessão simples, fascinação e subjugação), motivado algumas vezes por vingança ou desejo de fazer o mal. Convém, entretanto, não responsabilizar apressadamente 'espíritos obsessores' pelos problemas que enfrentamos no dia a dia. Como asseverou Allan Kardec, em *O livro dos médiuns* (capítulo 23), "... é necessário evitar atribuir à ação direta dos espíritos todas as nossas contrariedades, que em geral são consequência da nossa própria incúria ou imprevidência".

57. FRANCO, DIVALDO P. *Após a tempestade*. Pelo espírito Joanna de Ângelis. Salvador: LEAL, 1992.

ondas de positividade ou negatividade a partir do simples ato de pensar ou de sentir. A medicina da Terra já avança na compreensão de como a qualidade de nossos pensamentos e sentimentos interferem diretamente na nossa saúde. Praticantes de *yoga* ou meditação, bem como pessoas de fé que cultivam a prática da oração, pertenceriam a grupos com sistemas imunológicos mais fortalecidos ou mais bem capacitados para responder metabolicamente a certas morbidades.

No já mencionado livro *Missionários da luz*, psicografado por Francisco Cândido Xavier, o espírito André Luiz ouve do instrutor Alexandre a seguinte explicação sobre a gênese de certas doenças no campo espiritual:

> A patogênese da alma está dividida em quadros dolorosos. A cólera, a intemperança, os desvarios do sexo, as viciações de vários matizes, formam criações inferiores que afetam profundamente a vida íntima. Quase sempre o corpo doente assinala a mente enfermiça.

Mais adiante, o instrutor assevera que "a cólera, a desesperação, o ódio e o vício oferecem campo a perigosos germens psíquicos na esfera da alma".[58]

58. XAVIER, FRANCISCO C. *Missionários da luz*. Pelo espírito André Luiz. Rio de Janeiro: FEB, 2000.

O "vigiai e orai", precioso ensinamento do mestre Jesus, ganha novos e importantes significados à luz da doutrina espírita. Por que seria tão importante orar e vigiar? É como se a mente fosse o *dial* de um rádio e pudéssemos escolher a estação que mais nos agrada. Embora tenhamos esse poder, a maioria de nós não o exerce. Mudamos de estação várias e várias vezes ao longo do dia. É o que os budistas chamam de 'mente de macaco', quando uma profusão de pensamentos aleatórios indo e vindo mais parecem um bando de primatas fazendo a maior algazarra. Isso gera cansaço, confusão, e não raro, ansiedade e an-

> Praticantes de *yoga* ou meditação, bem como pessoas de fé que cultivam a prática da oração, pertenceriam a grupos com sistemas imunológicos mais fortalecidos ou mais bem capacitados para responder metabolicamente a certas morbidades

gústia. Em um mundo de 'provas e expiações', não seria exagero dizer que há um arrastão vibratório disseminando ondas de perturbação e desequilíbrio pronto para alcançar quem esteja disperso, distraído, no vai e vem da 'macacada'.

É nesse contexto que o movimento espírita tem realizado campanhas em favor da implantação do Evangelho no Lar.

O Evangelho no Lar consiste, basicamente, na definição de um dia da semana e um horário específico – de preferência quando esta atividade não concorra com nenhuma outra – em que toda a família (ou os que se sintam à vontade para participar) possa se reunir para um momento de trégua na correria

A depressão tem a sua gênese no espírito

do dia a dia em favor dos valores espirituais, do nosso lado transcendente e imortal. Após a prece inicial – proferida de forma espontânea e sincera por um dos presentes – abre-se ao acaso ou em ordem sequencial uma página de O *evangelho segundo o espiritismo* (que reúne os ensinamentos morais de Jesus) para reflexão do grupo, troca de ideias e comentários a respeito do ensinamento lido. Na prece final, pode-se realizar pedidos, louvar, agradecer, e é sempre importante nos lembrarmos de compartilhar fluidos de paz, amor, cura e equilíbrio por toda a Terra, toda a humanidade.

Não seria exagero dizer que a prática do Evangelho no Lar, quando realizado de forma sincera (sem leituras burocráticas ou formalismos descabidos), tem o efeito de uma bela 'faxina vibratória' em nosso ambiente doméstico, removendo miasmas e formas-pensamento que invariavelmente perturbam a nossa caminhada.

Por invigilância, muitos de nós não nos damos conta do eventual acúmulo dessas 'substâncias tóxicas' plasmadas a partir de pensamentos ou sentimentos negativos que têm o poder de nos desequilibrar de diferentes maneiras. Pesadelos, inapetência, irritação, desânimo, desesperança, depressão e ideias suicidas podem ser causados ou agravados por uma psicosfera hostil ao nosso equilíbrio.

Somos responsáveis diretos pela qualidade vibratória do nosso ambiente doméstico, razão pela qual nos cabe zelar pelo 'saneamento básico' espiritual desse lugarzinho tão especial na Terra que podemos chamar de lar.

Depressão: as possíveis origens no mundo espiritual

POR SE TRATAR de um fenômeno complexo, com múltiplas causas, há que se ter o cuidado de apontar um fator preponderante entre as causas que levam uma pessoa a se suicidar. Mas, sem dúvida, como já dito antes, entre elas se destaca a depressão. E, neste ponto em particular, a doutrina espírita também tem uma relevante contribuição a dar, como veremos a seguir.

O espírito Joanna de Ângelis, que em sua série psicológica psicografada por Divaldo Pereira Franco nos traz preciosas lições de como determinados registros do passado exercem importante influência na qualidade de vida no presente, comenta o fenômeno da depressão nos seguintes termos: "A depressão tem a sua gênese no espírito, que reencarna com alta dose de culpa, quando renteando no processo da evolução sob fatores negativos que lhe assinalam a marcha e de não se resolver por liberar-se em definitivo".[59]

Sobre o mesmo assunto, nos diz o psiquiatra espírita Jaider Rodrigues de Paula:

59. FRANCO, DIVALDO P. *Receitas de paz*. Pelo espírito Joanna de Ângelis. Salvador: LEAL, 1994, cap. 11.

Estão ínsitas no perispírito[60] as matrizes da depressão. O corpo físico reflete o corpo espiritual. Se o reencarnante traz insculpido no seu psicossoma as matrizes da depressão, elas influenciarão ativamente na seleção genética dos elementos que poderão viabilizá-la na vida física, caso o interessado deseje. Doenças são efeitos, não causas.[61]

Tanto na definição de Joanna de Ângelis quanto de Jaider Rodrigues de Paula, percebe-se como a depressão, segundo a visão espírita, pode ter origem em uma predisposição do encarnado a partir de situações vividas em seu passado espiritual. Fica evidente também que essa patologia traz para aquele que a experimenta valorosas oportunidades de superação e resgate. A solução para esse profundo desconforto que impede o depressivo de perceber a saída para essa situação requer atitude e confiança, tanto da parte de quem sofre o transtorno de humor, quanto de seus familiares e amigos.

Se o processo obsessivo, ao qual já nos referimos, for a principal causa da depressão – pela perseguição obstinada de quem se sente no direito de cobrar dívidas do passado – cabe-nos o exercício sincero do perdão e da paciência, no aguardo do precioso concurso dos amigos espirituais até que a situação se resolva por completo.

O tratamento da depressão é holístico e envolve diretamente uma ação positiva de todos os que estejam por perto e desejem sinceramente a recuperação daquele que sofre. Vencer a de-

---

60. O perispírito é o corpo fluídico, o invólucro semimaterial, que une o corpo e o espírito. "A morte é a destruição do envoltório mais grosseiro. O espírito conserva o segundo, que constitui para ele um corpo etéreo, invisível para nós no estado normal, mas que pode se tornar acidentalmente visível e mesmo tangível, como sucede nas aparições", diz Allan Kardec em *O livro dos espíritos* (Rio de Janeiro: FEB, 1997).

61. PAULA, JAIDER RODRIGUES DE. Depressão na visão espírita. Disponível em: http://sociedade-espiritamensageirosdaluz.blogspot.com.br/2014/02/depressao-na-visao-espirita.html – Acesso em: 31 mar. 2018.

pressão pode significar a culminância de um processo espiritual que vem de longe e exige de quem sofre os seus efeitos muito amor, paciência e obstinação.

O difícil desligamento do corpo

QUANTO MAIS NOS identificarmos com o mundo material, com o corpo físico e com as demandas sensoriais desta dimensão, mais dificuldades teremos no processo de desencarne. Em um mundo de provas e expiações, considerando nosso nível evolutivo ainda muito apegado aos assuntos terrenos, é comum haver alguma dificuldade para nos desligarmos rapidamente do corpo físico.

Essa é a razão pela qual Chico Xavier, citando o espírito Emmanuel, deu recomendações importantes no programa *Pinga-Fogo* da extinta TV Tupi, que foi ao ar no dia 28 de julho de 1971, aos que planejam a cremação do próprio corpo.

> A cremação é legítima para todos aqueles que a desejam, desde que haja um período de, pelo menos, 72 horas de expectação para a ocorrência em qualquer forno crematório, o que poderá se verificar com o depósito de despojos humanos em ambiente frio.

Este seria o prazo estimado para que se evite um desconforto desnecessário ao espírito. Afinal, é preciso que o fluido vital se esgote do corpo para o espírito desligar-se totalmente e libertar-se para a nova jornada como desencarnado.

No caso dos suicidas, o desligamento do corpo se dá de forma muito mais dolorosa, porque esse laço não está sendo rompido de forma natural. É por isso que não há palavras conhecidas que possam descrever o sofrimento daquele que se descobre vivo no plano espiritual, porém vinculado a um cadáver onde o processo natural de decomposição orgânica segue seu curso.

O sofrimento ocorrido logo após a morte física tem origem no estoque de fluido vital residual no corpo do suicida. O fluido vital é o elemento básico da vida, o princípio que anima todos os seres viventes no plano material. "Pela morte, o princípio vital se extingue", salienta Kardec em *A gênese*.

Mas é pelo gênero de morte que se verifica como se dá essa perda do fluido vital. A chamada "morte natural" ocorre quanto o organismo perde a capa-

> Nos episódios de suicídio, aborta-se o projeto existencial de forma abrupta, violenta, sem qualquer injunção do destino. Há ali apenas e tão somente a ação da vontade do indivíduo, o que constitui motivo de profundo sofrimento

cidade de produzir e reter certa quantidade mínima de fluido vital, enquanto que, na morte acidental, uma lesão mais séria no corpo físico provoca uma taxa de escoamento desse fluido em quantidades superiores à sua capacidade de produção.[62] Nos episódios de suicídio, aborta-se o projeto existencial de forma abrupta, violenta, sem qualquer injunção do destino. Há ali apenas e tão somente a ação da vontade do indivíduo, o que constitui motivo de profundo sofrimento.

O resultado é que o suicida encontra enorme dificuldade de se afastar do corpo físico logo após o desencarne. Isso é motivo de grande aflição, pois sofrerá as impressões do que venha a acontecer ao cadáver durante o processo de decomposição da matéria orgânica. No livro *Memórias de um suicida*, de Yvonne Pereira, essa vinculação do suicida ao corpo físico, mesmo após o desencarne, é explicada nos seguintes termos:

> Será preciso que se desagreguem dele (do suicida), as poderosas camadas de fluidos vitais que lhe revestem a organização física, adaptadas por afinidades especiais da grande Mãe Natureza, à organização astral, ou seja, ao perispírito, as quais nele se aglomeram em reservas suficientes para o compromisso da existência completa.[63]

Yvonne Pereira chama de 'repercussões magnéticas' as impressões sofridas pelo suicida, e as compara àquelas que acometem os amputados (que perdem um braço ou uma perna em um

62. Disponível em: http://www.paginaespirita.com.br/fluido.htm – Acesso em: 18 nov. 2014.

63. YVONNE A. PEREIRA. *Memórias de um suicida*. Pelo espírito Camilo Castelo Branco. Rio de Janeiro: FEB, 2004.

acidente) quando "sentem coceiras na palma da mão que já não existe, ou na sola do pé, igualmente inexistente".[64]

Merece atenção o relato abaixo feito pelo espírito Humberto de Campos no livro *Estante da vida*, psicografado pelo médium Francisco Cândido Xavier. Ele entrevistou uma mulher de 32 anos, que se matou ingerindo veneno, deixando marido e um filho pequeno. Reproduzimos o resumo desta entrevista em 10 tópicos, publicados no livro *Suicídio e suas consequências*, de Gerson Simões Monteiro.[65]

1 – Ela não possuía consistente fé religiosa.

2 – Permaneceu completamente lúcida e por muito tempo quando sobreveio a morte.

3 – Padeceu terríveis sofrimentos ao verificar-se desencarnada:

• ouviu os lamentos do seu marido e do seu pequenino filho a suplicar socorro;

• quando o rabecão lhe arrebatou o corpo imóvel tentou ficar em casa, mas não pôde;

• atirada a um compartimento do necrotério, chorava de enlouquecer;

• ao se ver nua (na mesa de necropsia) de imediato tremeu de vergonha;

• depois de dois moços abrirem seu ventre sem nenhuma cerimônia, na necropsia, aguentou duchas de água fria nas vísceras expostas.

4 – Orava à maneira dos loucos e desesperados, sem qualquer noção de Deus.

5 – Muitos parentes e amigos já desencarnados, embora procurassem auxiliá-la, não conseguiam fazê-lo, porque, dada a sua condição de suicida, continuava em plenitude das forças físicas.

6 – Assistiu ao próprio enterro com o terror que se pode imaginar.

7 – Estando mentalmente cega de dor, não podia enxergar os benfeitores espirituais no cemitério.

8 – Não sabe por quanto tempo esteve na cela do sepulcro:

• quando a corda magnética cedeu, viu-se libertada (refere-se ao laço perispiritual que prende o espírito ao corpo físico) e pôs-se de pé na cova;

• após muito tempo de oração e remorso, obteve socorro de espíritos missionários a fim de interná-la num campo de tratamento (no mundo espiritual).

9 – Decidiu matar-se por ciúmes do esposo, que passava a simpatizar com outra mulher.

10 – Humberto de Campos perguntou-lhe se aquela atitude havia lhe trazido algum benefício. E ela respondeu o seguinte: "Apenas complicações". Após seis anos de ausência, ferida por terríveis saudades, ela obteve permissão para visitar a residência, que julgava como sendo a casa dela, no Rio de Janeiro. Tremenda surpresa! Em nada adiantaram os suplícios. Diz ela: "Meu esposo, moço ainda, necessitava de companhia e escolhera para segunda esposa a rival que eu abominava. Ele e meu

filho estavam sob os cuidados da mulher que me suscitavam ódio e revolta".

Não poderiam os mentores espirituais interceder em favor daqueles que padecem tão terrível experiência? Quem responde é Richard Simonetti no livro *Suicídio, tudo o que você precisa saber*:

> É por misericórdia que não o fazem de imediato. Se houver algum desligamento extemporâneo, antes que o desencarnante haja superado as impressões mais fortes, relacionadas com a experiência física e o tipo de morte, retornará em condições ainda piores ao mundo espiritual. Deixá-lo preso ao corpo por determinado tempo é o mal menor.[66]

66. SIMONETTI, RICHARD. *Suicídio, tudo o que você precisa saber*. Bauru: CEAC, 2006.

Quando liberto do corpo físico, e assistido posteriormente em alguma unidade de socorro no plano espiritual, o suicida demandará cuidados especiais em longos tratamentos que poderão arrastar-se por muitos anos. São frequentes as caravanas de espíritos que cometeram suicídio na existência pregressa a instituições espíritas na Terra (devidamente assistidos e orientados pelos que conduzem o processo de tratamento), quando são debatidos os assuntos relacionados ao autoextermínio.

É o caso, por exemplo, das palestras públicas, quando o tema seja a 'prevenção do suicídio', a 'valorização da vida' ou qualquer assunto que se preste a reforçar o estoque de coragem para a encarnação vindoura. Faz diferença para eles ouvir também dos encarnados as orientações que favoreçam e estimulam uma conduta mais assertiva em favor da vida, em qualquer situação, haja o que houver. Nessas 'visitas guiadas', há sempre o cuidado de 'blindar' a vibração emanada pelo grupo dos que se suicidaram para que não haja qualquer risco de interferência deles na psicosfera da instituição espírita. Reparem que, mesmo em um estado de maior serenidade e equilíbrio, o suicida ainda demanda esse tipo de isolamento vibratório. Pelo menos até que se restabeleça totalmente nas encarnações vindouras.

O suicídio e o abalo no perispírito

A VIOLÊNCIA COMETIDA contra o próprio corpo físico determina estragos importantes na matriz espiritual do suicida, no perispírito, que levarão algum tempo (em alguns casos mais de um século) para serem completamente sanados.

É inevitável que as lesões perispirituais causadas pelo suicida determinem limitações importantes na estrutura do corpo físico em uma ou mais encarnações.

Em entrevista dada à apresentadora Hebe Camargo, em 1985 na TV Bandeirantes, o médium Francisco Cândido Xavier descreveu algumas situações difíceis causadas por essas lesões no corpo espiritual:

Se uma pessoa espatifou o crânio e o projétil atingiu o centro da fala, ela volta com mudez. Se atingiu apenas o centro da visão, volta cega. Mas se atingiu determinadas regiões mais complexas do cérebro, vem em plena idiotia e aí os centros fisiológicos não funcionam [...]. Se ela suicidou-se mergulhando em águas profundas, vem com a disposição para o enfisema; quando processo é de enforcamento, a vértebra que foi deslocada vem mais fraca e, numa simples queda, a criança é acometida pela paraplegia.[67]

67. MONTEIRO, GERSON SIMÕES. *Suicídio e suas consequências*. Rio de Janeiro: Mauad, 2006.

É evidente que não se pode associar cada uma dessas limitações físicas apenas a episódios de suicídio em vidas pregressas, porque cada caso é um caso, cada espírito tem a sua história. Mas é incontestável que o suicídio cause abalos estruturais importantes no perispírito e que nos imponha limitações mais ou menos severas quando reencarnamos, até como proteção para evitarmos a reincidência do ato.

Reparem como um segundo de invigilância é tempo suficiente para que o indivíduo determine para si uma longa jornada sombria, extremamente dolorosa e aflitiva. Como nos lembra Joanna de Ângelis, através da psicografia de Divaldo Pereira Franco: "Ninguém se evade das consequências de seus atos, como planta alguma produz diferente fruto da sua própria estrutura fatalista."

O Umbral

UMA DAS INFORMAÇÕES mais consoladoras da doutrina espírita é que não há penas eternas. Na verdade, é a nossa consciência que tem o poder de nos condenar a suplícios, eventualmente muito dolorosos, em função dos erros que cometemos. Por mais graves que sejam os nossos delitos ou equívocos, as experiências aflitivas que se sucedem – por conta da lei do retorno – não se perenizam na linha do tempo. Deus não seria soberanamente justo e bom (atributos da Divindade) se não oferecesse às criaturas a chance do arrependimento e do refazimento de seus atos, reconfigurando seus destinos.

Em sendo assim, quanto tempo um suicida leva para se recompor da perturbação que o acomete após o gesto extremo? Já dissemos aqui que cada caso é um caso, conforme a situação do momento, o histórico espiritual e outras variáveis importantes que influenciarão no estado do suicida logo após o desencarne. Mas essa autocondenação moral, determinada pela consciência em seu nível mais profundo, precipita o suicida na direção de um ambiente magneticamente compatível com seu psiquismo desequilibrado e culpado. Esse ambiente, situado nas imediações da Terra, recebe o nome de Umbral, na obra *Nosso Lar*, de André Luiz.[68]

Explica Lísias a André Luiz na referida obra:

> O Umbral funciona como região destinada a esgotamen-

68. XAVIER, FRANCISCO C. *Nosso Lar*. Pelo espírito André Luiz. Rio de Janeiro: FEB, 2008.

to de resíduos mentais; uma espécie de zona purgatorial, onde se queima, a prestações, o material deteriorado das ilusões que a criatura adquiriu por atacado, menosprezando o sublime enseio de uma existência terrena.

A explicação prossegue, deixando claro que, além dos suicidas, o Umbral é o destino de "legiões compactas de almas irresolutas e ignorantes, que não são suficientemente perversas para serem enviadas a colônias de reparação mais dolorosa, nem bastante nobres para serem conduzidas a planos de elevação".[69]

São chocantes os relatos mediúnicos que reportam o imenso desespero daqueles que transitam – sem a menor noção do tempo que permanecerão ali e, em boa parte dos casos, das razões que justifiquem esse suplício – em um ambiente hostil onde paisagens aflitivas, odores fétidos, urros e gritos desesperados compõem um cenário de horrores.

Relata Yvonne Pereira em *Memórias de um suicida*:

> A fome, a sede, o frio enregelador, a fadiga, a insônia [...], a natureza como que aguçada em todos os seus desejos e apetites, qual se ainda trouxéssemos o envoltório carnal [...], tempestades constantes, inundações, a lama, o fétido, as sombras perenes, a desesperança de nos vermos livres de tantos martírios sobrepostos, o supremo desconforto físico e moral.[70]

Porém, mesmo em uma situação de extrema angústia e desespero como essa, jamais estamos sós. É comovente a descrição de Yvonne Pereira do trabalho realizado pelos grupos socorristas que adentram neste vale de sombras para resgatar "aqueles dentre nós cujos fluidos vitais, arrefecidos pela desintegração completa da matéria, permitissem locomoção" para unidades de tratamento espiritual.[71]

71. Idem.

Em *Memórias de um suicida* são relatados em particular os movimentos da Legião dos Servos de Maria, impressionante caravana de espíritos dotados de elevado coeficiente moral e atributos especiais que asseguram a realização desse trabalho socorrista sem riscos para a segurança e a integridade de seus membros.

Aqueles que são finalmente resgatados e socorridos vão recuperando lentamente a consciência até compreenderem a gravidade da situação que eles mesmos determinaram para si a partir do ato suicida. Inicia-se neste momento o preparo para uma nova encarnação, onde seja possível reparar integralmente ou parcialmente os estragos causados pelo autoextermínio.

Em *Ação e reação*, psicografado por Francisco Cândido Xavier, o instrutor Druso explica a André Luiz esse importante momento na vida de quem passa por essa terrível experiência:

> Os companheiros desencarnados que despertam, devagarinho, para a responsabilidade de viver, encarando face a face o imperativo do renascimento difícil no mundo,

passam a trabalhar aqui *(Nota do autor: em uma cidade espiritual, no caso, Nosso Lar)* laboriosamente, vencendo óbices terríveis e superando tempestades de toda a sorte, para a conquista dos méritos que descuraram durante a permanência no corpo, de modo a implantarem, no próprio espírito, os valores morais de que não prescindem para a sustentação de novas e abençoadas lutas no plano material.[72]

Essa longa jornada de recuperação, com a preciosa ajuda dos amigos da Terra e do plano espiritual, alcançará mais rapidamente os objetivos propostos onde a prevenção do suicídio – e os meios de enfrentar os fatores de risco – seja algo amplamente disseminado e praticado.

A espiritualidade maior conta com o precioso apoio dos encarnados nessa tarefa. Na verdade, a parte mais importante da prevenção se resolve aqui.

Prevenção na Terra, apoio no plano espiritual

COMO JÁ MENCIONADO, o CVV tem um reconhecido trabalho de prevenção do suicídio. O que poucos conhecem, porém, é que o seu surgimento no Brasil teria 'DNA' espírita.

Em entrevista publicada no livro *Pelos caminhos da mediuni-*

[72. XAVIER, FRANCISCO C. *Ação e reação.* Pelo espírito André Luiz. Rio de Janeiro: FEB, 2008, cap. 19, p. 243.]

dade serena,[73] a médium Yvonne Pereira revelou que a inauguração do primeiro posto de atendimento do CVV, em 1962, na cidade de São Paulo, foi inspirada no livro *Memórias de um suicida*, por ela psicografado e publicado em 1955:

[73. PEREIRA, YVONNE A. Pereira. *Pelos caminhos da mediunidade serena*. Bragança Paulista: Lachâtre, 2006, p. 116.]

> Esse movimento (de apoio emocional e prevenção do suicídio) é mundial, mas ainda não havia no Brasil. Jacques Conchon, nosso confrade de São Paulo, criou essa instituição (juntamente com os jovens Flávio Focássio e Valentim Lorenzetti), influenciado pelo *Memórias de um suicida*, por causa do apelo que o livro faz para que os homens criem algo para evitar o suicídio... Não fazer nada e depois ficar confortando o suicida também não é um trabalho completo. Então ele criou esse movimento. [...] Tem plantão noite e dia.
>
> [...] É uma coisa muito disciplinada. Eles se propõem a receber o apelo da pessoa que está sofrendo. Nós tivemos uma reunião com o Jacques Conchon em que ele disse que a situação mais difícil de recuperar um candidato ao suicídio é o caso de amor. [...] Isso talvez se dê porque não se pode controlar o coração de uma pessoa. Se alguém é abandonado pelo outro a quem ama, o que fazer? O remédio para uma pessoa apaixonada que é desprezada é a conformidade com a situação, é voltar-se para Deus, ou, então, seguir o conselho do Léon Tolstoi: arranjar um outro amor. No livro *Sublimação*, no

primeiro capítulo, ele fala isso: não vale a pena se matar nem se desesperar; arranje outro amor.

A forma como o trabalho do CVV mobiliza os dois planos da vida fica evidente no relato do espírito Luiz Sérgio no livro *Caminhando com a verdade*, psicografado por Elsa Cândida Ferreira. Decidimos reproduzir resumidamente o trecho que revela os bastidores desse importante serviço assistencial.

Em um bairro nobre da capital paulista, um grupo de jovens prepara-se para algumas horas de plantão, numa organização que se distingue pelo apreço e valorização da vida. Sentados ao lado de um aparelho telefônico, eles ficam atentos ao primeiro toque, pois do outro lado do fio estará sempre uma alma aflita, disposta a falar de seus problemas, medos e esperanças. [...]

Ao primeiro toque do telefone, Luciano atendeu e se colocou à inteira disposição do interlocutor. A frase que ouviu soou aos seus ouvidos como uma mistura de súplica e ameaça:

— Só liguei para dizer que pretendo matar-me ainda nesta noite, porém uma força maior me levou a ligar para esse número, nem mesmo sei bem por quê...

— Pode falar, amigo, estou pronto para ouvi-lo pelo tempo que desejar...

(O homem que ligou estava desempregado há meses)

sentia-se humilhado ao ver a esposa, ainda jovem, desgastando-se na dupla tarefa de cuidar da casa, dos dois filhos em idade escolar e assumindo ainda compromissos extras para manter a dignidade da família. [...]

A esposa, diante da gravidade da situação, pediu socorro à sua santa de devoção: Teresinha do Menino Jesus, por quem sentia respeito e veneração desde a infância. [...] Sua prece foi interceptada por bons espíritos que vieram em socorro da família. [...]

Registrado o pedido de ajuda, o primeiro passo da espiritualidade foi convencer Josué a ligar para aquele telefone. O segundo foi envolver Luciano numa aura de afeto e simpatia, para que sua voz balsamizasse o espírito em aflição, inspirando-lhe coragem e autoestima. A terceira etapa consistia em assistir diretamente a Josué, dispersando os fluidos desfavoráveis do desânimo e da revolta. Um amigo espiritual estimulava-o a falar, para expelir todo o tóxico mental acumulado nos meses de ansiedade, que lhe envenenara o raciocínio, empurrando-o para a insanidade. Era o processo terapêutico em andamento.

Ao término da conversa, Josué concluiu que não valeria a pena fugir da vida e deixar a família na penúria, com a dor maior da morte de um chefe que se negou a lutar...

— Conclusão dele, intuída e fortalecida por nós —

explicou-nos o irmão Celestino, espírito que presidiu essa tarefa.

– É tão importante assim, para o ser humano, ter quem o escute, irmão Celestino?

– Sem dúvida. Essa não é a técnica da terapia individual ou de grupo? Falar sobre um assunto que o atormenta, com um amigo ou pessoa da família, torna o problema menor. Ao retirá-lo do subconsciente e lançá-lo no consciente, ele se torna menor e é mais bem trabalhado, sem aquela carga emocional pesada. Nem todos têm acesso à terapia científica em nosso país, mas todos poderiam ter acesso ao ouvido fraterno![74]

No livro *CVV: como vai você? – 50 anos ouvindo pessoas*[75] são revelados outros detalhes interessantes a respeito da mobilização de jovens espíritas para a fundação do CVV em 1962, na cidade de São Paulo:

[...] Surgiu de uma pequena turma de Aprendizes do Evangelho, uma proposta escolar iniciática simples de autoconhecimento, criada na Federação Espírita do Estado de São Paulo (FEESP), em 1950.

[...] Os criadores dessa escola de caráter espírita, mas de formação plural espiritualista, denominavam esse processo de 'vivência' ou exemplificação da sua visão de mundo; na verdade uma proposta de vida. Cada turma

74. FERREIRA, ELSA CÂNDIDA. *Caminhando com a verdade*. Pelo espírito Luiz Sérgio. São Paulo: Panorama, 2001.

75. SANTOS, DALMO DUQUE DOS. *CVV: como vai você? – 50 anos ouvindo pessoas*. São Paulo: Aliança, 2012.

passaria por graus de amadurecimento espiritual (e não somente intelectual), como um processo verdadeiramente natural e não por meio desses recursos artificiais e superficiais de avaliação e promoção que se dão nas escolas comuns.

[...] Nessa escola, pela qual passaram os fundadores do CVV, o processo foi idêntico: qualquer descoberta mais prática de si passa pelo contato muito próximo com o seu semelhante [...]. Assim sendo, aqueles alunos, a maioria jovens, partiam em ritmo de caravana para os bairros periféricos para conhecer esse lado distante, em duplo sentido, da realidade em que viviam. Não fariam pregações ou proselitismo, mas apenas conversariam, procurariam saber como as pessoas estavam, como se sentiam, como viviam suas experiências mais comuns, principalmente suas dificuldades.

[...] Tudo isso foi chamado de "Conversa fraterna" ou "Caravana fraterna", sem nenhuma preocupação institucional ou pedagógica.

[...] Numa determinada altura do curso, dr. Milton Batista Jardim (médico por formação, responsável pela turma) abordou o jovem líder do grupo (Jacques Conchon) e lhe entregou um envelope pardo com alguns recortes da revista *Mundo Ilustrado*. Dentro continha uma reportagem sobre um serviço de prevenção do suicídio, realizado por voluntários em Londres. Os voluntários eram os Samaritanos, liderados pelo sacerdote anglicano Chad Varah. Dentro do envelope havia um pequeno bilhete anotado por Edgard Armond (coronel aposentado pela Polícia Militar e que havia criado essa escola iniciática na Federação) com os seguintes dizeres: "Para quem deseja servir, aqui está uma ótima oportunidade."

Esse foi o ponto de partida de uma instituição que acertadamente se define como "sem vinculações políticas ou religiosas".

Se o DNA é espírita, a prática do CVV – que acolhe, entre seus voluntários, gente que professa os mais variados tipos de fé, e até agnósticos e materialistas – resume uma das mais elevadas expressões do amor sincero e desinteressado. O mundo é um lugar melhor com o CVV.

A Divina Providência

É INTERESSANTE IMAGINAR quantos buscam no suicídio uma saída para um problema considerado insolúvel na Terra. São pessoas pressionadas pelas mais diversas circunstâncias: os endividados acuados por credores; os doentes que perdem a saúde e, com ela, a esperança; os desempregados que se abatem por não conseguir trabalho; os que perdem o filho ou a filha e se rebelam contra o mundo. Há também a dor sem motivo aparente, uma angústia que sufoca e oprime, sem que nenhum exame médico revele a causa. Quando não se tem a menor noção da origem desse desconforto, abre-se espaço para o desespero e a aflição.

Em todas essas situações, onde nos sentimos no limite das forças, desafiados a buscar a coragem onde não imaginamos ter, nos esquecemos de que a Providência Divina jamais nos abandona. Nossos guias e mentores – bem como nossos amigos espirituais – estão sempre por perto nos amparando, encorajando a seguir em frente, inspirando novas possibilidades e outras saídas, ou pelo menos diferentes maneiras de encararmos os mesmos problemas. Envidarão os esforços possíveis, incansáveis e vigilantes, mas, em respeito a nós e ao nosso projeto evolutivo, jamais tomarão qualquer decisão em nosso lugar. Para que haja mérito, é preciso haver também a responsabilidade da escolha. Para isso estamos aqui.

O fato é que ninguém nasce predestinado a se matar. Não existe um determinismo suicida. A vida é para ser vivida, e por mais difícil que seja a experiência, ela sempre será

> Por mais difícil que seja a experiência, ela sempre será compatível com a nossa capacidade de lidar – não sem esforço, sofrimento e eventual sacrifício – com o que aparece pela frente

compatível com a nossa capacidade de lidar – não sem esforço, sofrimento e eventual sacrifício – com o que aparece pela frente.

"Porque o meu jugo é suave, e o meu fardo é leve", nos disse Jesus, assinalando que, por mais difícil que seja uma determinada situação, temos todas as condições de enfrentá-la e superá-la. O importante é seguir em frente, haja o que houver.

A Terra costuma ser entendida pelos espíritas como um planeta-escola (onde os espíritos têm a oportunidade renovada de aplicar os conhecimentos adquiridos em sucessivas encarnações e também no plano espiritual) e um planeta-hospital (onde muitos de nós enfrentamos resgates expiatórios complexos, necessários à nossa evolução), funções distintas que se coadunam e se complementam em um mesmo orbe.

Cada encarnação na Terra é um projeto único. Da escolha da família, do código genético do próximo corpo físico, das habilidades específicas a serem desenvolvidas, cada detalhe conspira em favor do que seja mais adequado ao nosso aperfeiçoamento, considerando o estágio evolutivo em que nos encontramos.

Há um trabalho consistente, meticulosamente planejado por numerosa equipe no plano espiritual, que consome preciosos tempo e energia, antes de cada encarnação. A torcida por nós é grande, especialmente nos momentos difíceis, quando nos deparamos com o resultado de nossas escolhas menos felizes, com a colheita de uma semeadura desregrada e inconsciente. As respostas que damos para as 'encruzilhadas' da vida definem o nosso destino.

Sempre acompanhados de nossos amigos espirituais – que nunca nos abandonam, mas respeitam nossas escolhas – devemos fazer a nossa parte para que esse projeto se resolva da melhor maneira possível. São preciosos os recursos da prece e da meditação, das leituras edificantes, da fluidoterapia e, se for o caso, dos serviços que disponibilizam gratuitamente apoio emocional e prevenção do suicídio, bem como os serviços terapêuticos tradicionais.

Ocupar-se com atividades úteis, de preferência auxiliando desinteressadamente o próximo, constitui precioso remédio para a alma, elevando a vibração, melhorando a sintonia, com reflexos importantes no humor e na autoestima. Quando nos candidatamos a alguma obra voluntária ou assistencial, os minutos que dispensarmos na direção do outro são valiosos momentos de trégua em relação a questões que nos perturbam e angustiam. Nos distanciamos momentaneamente de nossa realidade íntima – eventualmente hostil ao nosso desejo de paz e serenidade – para nos conectarmos com as necessidades dos outros e reconfigurarmos o nosso equilíbrio.

Esse é, em essência, o sentido mais profundo da expressão "Fora da caridade não há salvação". A autodoação é, em verdade, um exercício terapêutico. Menos 'eu' e mais 'nós'. Como isso nos faz bem!

Como se vê, o arsenal de que dispomos para "sacudir a poeira e dar a volta por cima" é generoso e encontra-se acessível para quem o deseje.

O mais importante é perceber que nenhum sofrimento dura para sempre.

Por mais assustadora que seja a tempestade, ela sempre passa.

Se o hoje te parece desagradável e angustiante, espera e confia.

A melhor saída é a vida.

Esta edição foi impressa na Assahi Gráfica e Editora (FSC® C106952), de Itu, SP, sendo tiradas mil e quinhentas cópias, todas em formato fechado 160x230mm e com mancha de 106x170mm.

Os papéis utilizados, ambos com certificação ambiental, foram o ofsete Alta Alvura 90g/m² (Suzano – FSC® C010014) para o miolo e o cartão triplex Supremo Alta Alvura 350g/m² (Suzano – FSC® C010014) para a capa.

O texto principal foi composto em Goudy Old Style 12/15, as citações em Goudy Old Style 11/15, as notas em Scala Sans Pro 9/11, os olhos em Goudy Old Style 18/21, os subtítulos em Scala Sans Pro 18/27, as epígrafes em Scala Sans Pro 12/18 e os títulos em Trajan Pro 20/27.

Eliana Haddad e Izabel Vitusso realizaram a preparação e a revisão do texto. André Stenico elaborou o *design* da capa, o projeto gráfico e a editoração do miolo. A foto do autor é de Daniel Bianchini.

Maio de 2024